Duden
Lernen lernen

Richtig lernen in der Grundschule

Duden
Lernen lernen

Für Schülerinnen und Schüler:

Richtig lernen in der Grundschule
Mit Spaß und Motivation zum Lernerfolg
Mit einem Ratgeber für Eltern
ISBN 3-411-71911-7

Konzentration
Training von Gedächtnis, Wahrnehmung und logischem Denken
4. bis 6. Klasse
ISBN 3-411-71241-4

Lerntipps
Hilfen zur selbstständigen Verbesserung der Lern- und Arbeitstechniken
5. bis 7. Klasse
ISBN 3-411-71251-1

Hausaufgaben und Klassenarbeiten
Ein Wegweiser zur erfolgreichen Bewältigung
5. bis 7. Klasse
ISBN 3-411-71271-6

Referate – Vorträge – Facharbeiten
Von der cleveren Vorbereitung zur wirkungsvollen Präsentation
9. bis 13. Klasse
ISBN 3-411-71821-8

Für Eltern:

Schultipps für Eltern
Unterstützen Sie den Lernerfolg Ihres Kindes
4. bis 10. Klasse
ISBN 3-411-71811-0

Duden
Lernen lernen

Richtig lernen in der Grundschule

Mit Spaß und Motivation zum Lernerfolg
Mit einem Ratgeber für Eltern

von Michaela Ohly
mit Illustrationen von Peter Nieländer

Dudenverlag
Mannheim · Leipzig · Wien · Zürich

Seite *28*: „Der Flötenspieler“ von Ernst Barlach. Quelle: Bibliographisches Institut & F. A. Brockhaus, Mannheim.
Seite *46*: Josef Guggenmos: „Ich male mir den Winter“, aus: Ich will dir was verraten, © Beltz & Gelberg Verlag, Weinheim und Basel, 1992.

Bibliografische Information der Deutschen Bibliothek
Die Deutsche Bibliothek verzeichnet diese Publikation in der Deutschen Nationalbibliografie; detaillierte bibliografische Daten sind im Internet über http://dnb.ddb.de abrufbar.

 D C B A
Redaktion: *Simone Senk, Birgit Hock*
Herstellung: *Annette Scheerer*
Typographisches Konzept, Satz und Gestaltung:
Nebe+Topitsch Design (Susanne Topitsch), München, www.nebe-topitsch.de
Umschlaggestaltung: *Bettina Bank, Heidelberg*
Druck und Bindung: *Stalling GmbH, Oldenburg*
Printed in Germany
ISBN 3-411-71911-7

Liebe Eltern!

Johanna ist glücklich: „Mama, endlich habe ich in Mathematik auch einmal eine Zwei geschrieben!", berichtet sie freudestrahlend schon an der Haustür. Auch Johannas Mutter freut sich über den Erfolg: „Prima! Du warst ja auch sehr fleißig!" Und im Stillen denkt sie: „Wie schön, dass sich unsere gemeinsamen Anstrengungen gelohnt haben. Auch beim Lernen muss man schließlich wissen, wie man vorgeht!"

Wie können Kinder das Lernen lernen? Was hilft ihnen, selbstständiger, effektiver und erfolgreicher zu lernen? Eine Lernmethode, die für alle Kinder „richtig" ist, gibt es nicht. Jedes Kind ist anders, hat andere Erfahrungen, ein anderes Wissen und lernt daher anders „richtig". Grundschulkinder müssen wirkungsvolle Lerntechniken zunächst einmal kennen lernen und ausprobieren können, ehe sie wissen, welche Methoden zu ihnen passen. Je früher ein Kind aber seine eigenen Stärken und Schwächen einschätzen und damit umgehen lernt, desto erfolgreicher verläuft seine Schulzeit.

Im Buch finden sich zahlreiche Anregungen und Vorschläge, die beim Lernen helfen können: Wie lerne ich? Was sind meine Stärken? Wie kann ich mich besser konzentrieren, etwas besser behalten? Wie kann ich meine Hausaufgaben effektiver erledigen? Welche Möglichkeiten gibt es, Klassenarbeiten wirkungsvoller vorzubereiten?

Dieses Buch ist ein Arbeitsbuch: Es soll darin geschrieben, gemalt und gebastelt werden. Es kann kreuz und quer gelesen werden, je nachdem, welche Fragen für Ihr Kind besonders wichtig sind.

Lernen lernt man nicht an einem Tag. Nur wer weiß, wie er gut und erfolgreich arbeitet, dem macht Lernen Spaß. Das Buch ist so gestaltet, dass es von Kindern selbstständig bearbeitet werden kann. Sie als interessierte Eltern, die ihr Kind beim Lernen begleiten möchten, finden Hintergrundinformationen und konkrete Tipps, wie Sie Ihr Kind wirksam unterstützen können, auf den farbigen Seiten im hinteren Teil des Buches.

Viel Spaß und Erfolg bei der Arbeit mit dem Buch wünschen Autorin und Redaktion!

Inhaltsverzeichnis

1 Einleitung

Schule und Lernen

Liebe/Lieber ....

(hier kannst du deinen Namen eintragen)

ganz sicher gehörst du zu den Kindern, die am Wochenende ganz traurig sind, weil sie keine Hausaufgaben machen können, die jede Woche mindestens drei Klassenarbeiten schreiben wollen und die sich jeden Morgen den Wecker früher stellen, damit sie nicht zu spät zum Unterricht kommen – etwas Schöneres als Hausaufgaben, Klassenarbeiten, Unterricht gibt es gar nicht!

Wie? Stimmt nicht? Bei dir ist es anders?

Wahrscheinlich geht es dir genauso wie den Kindern, von denen dieses Buch handelt: Eigentlich gehst du ganz gerne in die Schule, wenn du nicht immer so viel lernen und arbeiten müsstest. Langweiligen Unterricht, Hausaufgaben und Klassenarbeiten müsste man aus der Schule wegzaubern, ganz recht. Aber leider ist dagegen noch kein Zauber erfunden. Es gibt sie. Sie gehören sozusagen zur Schule dazu – wie Klassenkameraden und Lehrer.
Was also tun?
Weil Wegzaubern und Abschaffen nicht möglich sind, solltest du das Beste daraus machen. So furchtbar muss Schule gar nicht sein: Du kannst lernen, durch kluge Vorbereitung bei Klassenarbeiten erfolgreicher zu sein und deine Hausaufgaben mit einigen Tricks

schneller zu erledigen. Sogar gegen langweiligen Unterricht bist du nicht hilflos.
Wie das funktioniert, dazu gibt dir dieses Buch einige Hinweise. Blättere es erst einmal durch und suche dir Abschnitte heraus, die dich besonders interessieren. Wähle davon einen besonders spannenden Teil aus, mit dem du anfangen willst.

Aber: Dieses Buch ist kein Besserwisser-Lesebuch. Du musst selbst ausprobieren, was dir helfen kann, und auf Entdeckungsreise gehen: Was du besonders gut kannst, wie du dir am besten etwas merkst, wie du deine Angst vor Klassenarbeiten in den Griff bekommst ... Wanja, der Wichtel, der dich dabei begleitet, hat viel Erfahrung damit und wird dir den einen oder anderen Tipp geben, wie dein Lernen leichter und interessanter werden kann. Auch diese Vorschläge sind keine Anleitungen – du musst selbst ausprobieren, ob sie dir helfen. Deshalb findest du überall Ideen, was du tun kannst: Basteln, Malen, Ausfüllen, Ankreuzen ... Du kannst und sollst in das Buch hineinschreiben! Denn es nützt dir nur etwas, wenn du wirklich damit arbeitest.

Benutze dieses Buch regelmäßig, immer wieder! Wenn du an einem Tag ein paar Seiten bearbeitet hast, kannst du am nächsten Tag weitermachen. Warte jedoch nicht zu lange, sonst hast du vielleicht einiges schon wieder vergessen. Schließlich macht es keinen Spaß, etwas doppelt zu lesen oder zu arbeiten.

In diesem Sinne: viel Erfolg und gute Ideen beim Arbeiten!

Die vergessene Hundehütte

Meral, Johanna und Benedikt besuchen zusammen die vierte Klasse der Blauglocken-Schule. Als die drei eines Tages in der Pause mal wieder Verstecken spielen, entdeckt Benedikt ein kleines Loch in dem Zaun, der den Schulhof umgibt. Sofort ruft er Meral und Johanna herbei. Sollen sie durchklettern? Es ist bestimmt verboten. „Ach was“, sagt Johanna, „was soll uns schon passieren!“ Schon schlüpft sie durch die kleine Öffnung. Vorsichtig folgen Meral und Benedikt ihr nach. Sie klettern über riesige Äste und schlängeln sich an ein paar Blumenbeeten vorbei, bis sie vor einem alten Kastanienbaum stehen. Darunter entdecken sie eine kleine Hundehütte. „Schaut mal“, ruft Johanna, „hier hat bestimmt mal ein Hund gelebt.“ Benedikt schaut sich die verfallene Hundehütte skeptisch an. „Vielleicht hat er ja noch einen Ball zurückgelassen?“ Schon kniet er davor und streckt die Hand in die Hütte. Meral will gerade noch „Vorsicht!“ rufen, da ist es schon geschehen!

Mit einem lauten Aufschrei springt Benedikt zurück.
„Die Hundehütte zwickt!“ „Kann ja gar nicht sein.“
Mutig geht Johanna auf die kleine Hütte zu und schaut hinein. Zwei kleine gelbe Punkte glühen dort im Dunkeln, und als Johanna genauer hinblickt, erkennt sie, dass es sich um zwei kleine Augen handelt. „Ui, da ist ja wer drin!“ „Lass mich auch mal schauen!“ Meral drängt sich heran. Eine hohe Stimme tönt aus der Hundehütte: „Ich heiße Wanja. Und wie heißt ihr?“ Erschrocken springen die Kinder zurück. Johanna traut sich als Erste wieder heran: „Ich bin Johanna, das ist Benedikt und das hier ist Meral. Was machst du denn in der Hundehütte?“ „Ich bin Wanja, der Wichtel, und ich wohne hier!“ „Ein Wichtel? So was gibts doch gar nicht!“, brummt Meral ärgerlich. „Wenn du ein Wichtel bist, dann komm und zeige dich.“

Und tatsächlich – in der Hütte regt sich etwas. Zuerst tauchen struppige, grüne Haare auf, dann eine knallrote Mütze, und schließlich sehen die Kinder eine lange, spitze Nase. Mit seinen kurzen Armen und Beinen klettert der Wichtel gelenkig über eine alte Decke und steht auf

einmal im Tageslicht vor der Hundehütte. „Was schaut ihr mich so an, habt ihr etwa noch nie einen Wichtel gesehen?"
Vor Staunen bleibt den Kindern der Mund offen. Sogar Johanna hat der Mut verlassen. „Dddu isst nicht zufällig gerne Kinder zum Frühstück?" Wanja lacht. „Nein, die sind nicht gut verdaulich. Ich beobachte die Kinder lieber, wie sie spielen, wie sie sich streiten und wie sie lernen." „Da brauchen wir also gar keine Angst vor dir zu haben?" „Nein, natürlich nicht. Ich wohne schon viele Jahre hier in der Hundehütte und langweile mich ziemlich oft. Manchmal schleiche ich mich in eure Klasse und höre euch im Unterricht zu. Deshalb bin ich inzwischen sozusagen auf fast allen Gebieten ein Profi. Kommt doch mal wieder vorbei und erzählt mir, was ihr gelernt habt. Und wenn ihr Fragen habt, dann kann ich euch ja vielleicht auch mal weiterhelfen."
Rrring!!! Das Läuten der Schulglocke unterbricht die Kinder in ihrem Gespräch! Hastig verabschieden sich die drei Freunde von Wanja und laufen zurück zu den anderen Kindern ihrer Klasse. Morgen wollen sie wiederkommen und überprüfen, ob dieser Wanja wirklich etwas vom Lernen versteht!

Jeder Mensch lernt – immer

2

Fürs Leben lernen

Am nächsten Tag laufen Johanna, Meral und Benedikt gleich zu Beginn der Pause in den abgelegenen Teil des Schulhofs, um Wanja zu treffen. Gähnend kommt der kleine Wichtel aus seiner Hütte.
„Du hast es vielleicht gut – du schläfst den ganzen Tag in deiner Hundehütte und brauchst nichts zu lernen!“ Johanna hat schlechte Laune. „Als ob das richtige Leben ohne Schule nicht viel interessanter wäre!“
Meral schaut ihre Freundin zweifelnd an. „Meinst du, man lernt im ‚richtigen Leben ohne Schule‘ nichts? Meine Eltern haben erzählt, dass ich schon gelernt habe, bevor ich in die Schule gekommen bin.“
„Ich konnte schon meinen Namen schreiben, als ich in die Schule kam. Manchmal habe ich morgens alleine Brötchen gekauft und sogar schon Kaffee gekocht.“ Benedikt schaut Wanja stolz an.
„Ja ja, in der Schule lernt man schon viel.“ Wanja muss grinsen, als er in das genervte Gesicht von Johanna blickt.
„Aber vor der Schule hat man eigentlich noch mehr gelernt: Habt ihr schon einmal gesehen, wie ein kleines Baby lernt, seinen Schnuller zu halten? Oder wie ein Kind lernt zu laufen, zu sprechen, Fahrrad zu fahren, Spiele zu spielen … All das können Kinder nicht von selbst, sie müssen es lernen. Erinnert ihr euch an einige lustige Dinge, die ihr vor eurem Schulbeginn gelernt habt?“

Aus meinem Lernleben vor der Schule

Du hast in deinem Leben schon eine ganze Menge gelernt. Erinnerst du dich noch an etwas? Zeichne es in die Rahmen. Schreibe dazu, wie alt du warst – frage deine Eltern, wenn du dich nicht selbst daran erinnerst.

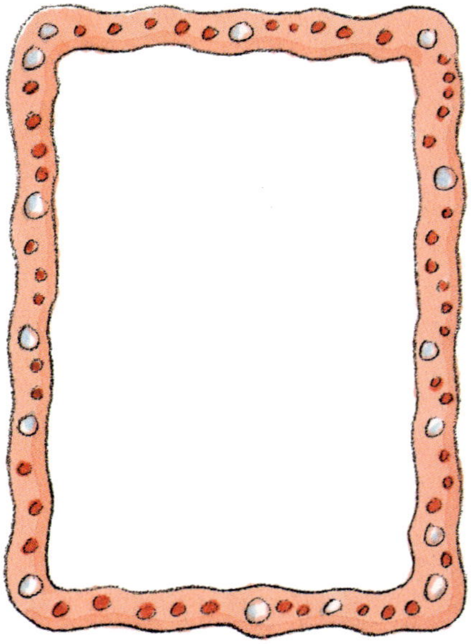

Mit .... Jahren

Mit .... Jahren

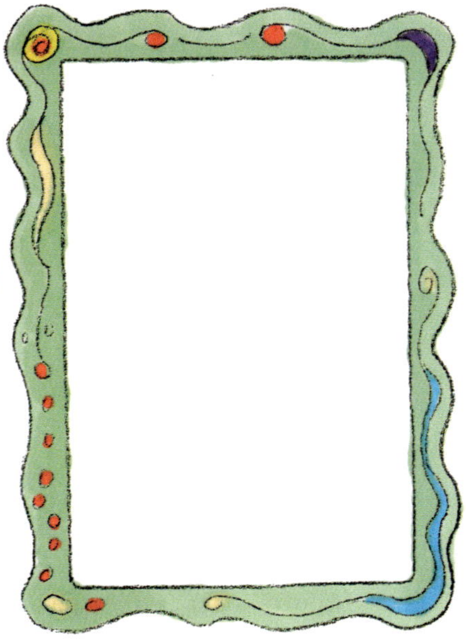

Mit .... Jahren

Was ich alles kann

Schreibe in den Körperumriss des Kindes.
In den Kopf: was du mit deinem Verstand gut kannst.
In den Bauch: was dir besonders am Herzen liegt, was du besonders gerne machst.
In die Beine und Füße: was deine Beine und Füße gut können.
In die Arme und Hände: was du mit deinen Händen und Armen gut kannst.
Rundherum: Welche besonderen Fähigkeiten hast du im Umgang mit anderen Menschen?

Begib dich auf eine Entdeckungsreise zu deinen Fähigkeiten: Was kannst du besonders gut? Wo bist du besonders begabt? Welche besonderen Eigenschaften hast du?

Hat dir die Entdeckungsreise Spaß gemacht? Was hast du herausgefunden?

- Ich habe eine Menge guter Fähigkeiten!

Toll! Hast du damit gerechnet, dass es so viele sind? Die meisten Menschen sind eher damit beschäftigt, ihre Schwächen zu verstecken, und vergessen darüber ganz, dass sie wunderbare Eigenschaften und Fähigkeiten haben. Sie sind ganz erstaunt darüber, was alles Gutes in ihnen steckt.

- Es ist mir schwer gefallen, etwas einzutragen!

Das ist nicht ungewöhnlich, denn manchmal braucht es dazu etwas Zeit zum Nachdenken. Aber es lohnt sich, denn du hast viel mehr gute Eigenschaften, als du selbst glauben magst. Wenn du willst, lass dir von einer Freundin oder einem Freund, der dich gut kennt, helfen. Auch deine Eltern oder Lehrer kannst du fragen. Gib in jedem Fall nicht auf! In dir steckt mehr, als du selbst glaubst. Und es tut gut, Nettes und Gutes über sich zu erfahren.

Zum Abschluss deiner Entdeckungsreise überleg dir:

Was kannst du besonders gut? Auf welche deiner Eigenschaften bist du besonders stolz?
Wenn du willst, kannst du dir eine Urkunde für deine Superfähigkeit schreiben, zum Beispiel so:

Schreibe eine solche Urkunde auch für eine Freundin oder einen Freund. Es ist ein tolles Geschenk!

Lernen in der Schule

Kreuze an:
1: So lerne ich gut
2: Könnte ich versuchen
3: Liegt mir nicht

Forscher haben herausgefunden: Du kannst dir so viel von dem merken, was du ...

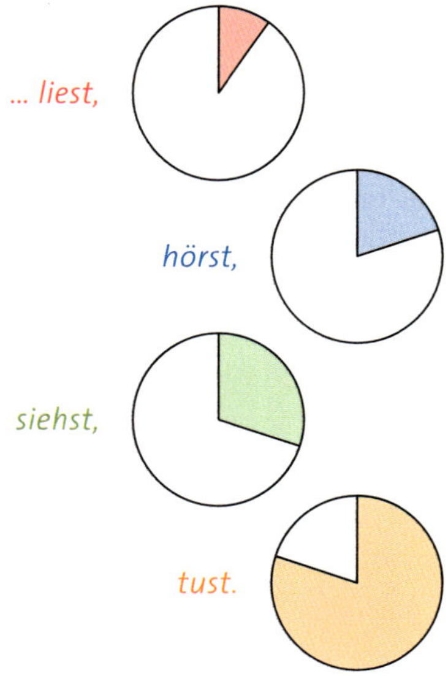

Wie lernst du?

1	2	3	
			Ich lerne für eine Arbeit, indem ich mir meine Hefte noch einmal durchlese. Dann kann ich mir alles gut merken.
			Wenn ich mir ein Gedicht von einer Kassette anhöre, kann ich es ganz schnell auswendig.
			Wenn ich für eine Arbeit übe, dann überleg ich mir neue Fragen und bespreche die Antworten mit einer Freundin oder einem Freund.
			Wenn meine Lehrerin etwas an einem Schaubild erklärt, kann ich mir vieles besser merken.
			Wenn ich etwas auswendig lerne, dann bewege ich mich immer dabei, gehe durchs Zimmer oder zeige mit den Händen.
			Wenn ich nicht sicher bin, wie ein Wort geschrieben wird, dann schreibe ich verschiedene Möglichkeiten auf, sehe sie mir an und weiß, welche richtig ist.
			Wenn mir jemand etwas erklärt, kann ich es mir gut merken.
			Ich kann mir etwas gut merken, wenn ich es selbst jemand anderem erklärt habe.

Meine Schlussfolgerungen: Ich lerne gut
- durch Lesen;
- durch Zuhören;
- durch Bilder und Schaubilder;
- dadurch, dass ich mit dem Stoff etwas tue, zum Beispiel mit jemandem darüber spreche oder mir neue Fragen überlege.

Was ich in der Schule gut kann

Meral, Johanna und Benedikt haben in der Stunde vor der Pause die Mathearbeiten zurückbekommen. Die Arbeit war allerdings ziemlich schwer, und die Kinder sind mit ihren Ergebnissen nicht zufrieden. Und Frau Lieser hat mit ihrer Klasse geschimpft. Die drei Freunde laufen zu Wanja, um ihre Beschwerden bei ihm loszuwerden.
„Mensch, Frau Lieser war eben echt schlecht drauf. Die hat nur aufgezählt, was wir alles nicht können", beschwert sich Benedikt.
„Richtig! Immer bekomme ich gesagt, was ich alles nicht kann", fügt Meral hinzu.
„Frau Lieser hat nur die Fehler angestrichen. Dabei habe ich die Textaufgabe prima hingekriegt!" Johanna ist beleidigt, weil die Lehrerin vergessen hat, sie für ihren Erfolg zu loben.
„Und überhaupt – Frau Lieser schimpft mit mir jedes Mal, wenn ich Quatsch mache. Aber wenn ich konzentriert arbeite, dann fällt ihr das gar nicht auf!" Heute ist es Benedikt, der das letzte Wort hat.

Meral, Johanna und Benedikt sind zum Glück ziemlich selbstbewusst. Aber wie ist das bei dir? Gehörst du vielleicht zu den Kindern, die übersehen, dass sie schon ganz viel gelernt haben und vieles wissen und können? Hier ist deshalb Platz, um alles aufzuschreiben, was du in der Schule gut kannst. Schreibe auch Kleinigkeiten auf, zum Beispiel dein Lieblingsfach, dass du eine ordentliche Schrift hast oder mit deiner Freundin gut Hausaufgaben machen kannst.

Schreibe alles auf, was du in der Schule gut kannst. Wenn du willst, kannst du auch ein Bild von dir dazu malen.

Lernen macht Spaß!

„Wer sagt denn so was? Manchmal vielleicht für bestimmte Lehrer oder Fächer – aber doch nicht so allgemein! Jeden Tag lernen wir morgens in der Schule und wenn wir mittags nach Hause kommen, dann lernen wir an unseren Hausaufgaben weiter." Johanna ist ganz aufgebracht über so einen blöden erwachsenen Satz.
„Das könnte ja meine Oma sagen!"
„Stimmt! Wir müssen einfach viel zu viel lernen." Benedikt nickt.
„Einiges macht ja Spaß. Wisst ihr noch, als das Thema ‚Burgen und Ritter' im Sachunterricht dran war?"
„Das war Klasse! Wir haben uns ganz viele Bücher aus der Bücherei geholt und gelesen. Am coolsten war, als wir die Geschichte vom Ritter Kunibert gespielt haben." Meral lacht.
„Genau, das war super!" Jetzt kann auch Johannas Gesicht wieder strahlen. „Ein anderes tolles Thema waren in Musik die Instrumente. Wisst ihr noch, wie wir mit unserer Strohhalm-Oboe die ganze Schule genervt haben?"

Wanja grinst ein wenig. „Also macht Lernen doch Spaß?"
„Ja – manchmal!" Darin sind sich Meral, Johanna und Benedikt nun doch einig.
„Wann macht es euch denn Spaß?", hakt Wanja nach. Jetzt will er es aber genau wissen!

Vielleicht macht dir Lernen manchmal Spaß? Meral, Benedikt und Johanna haben einige Begründungen gefunden. Wenn du denkst, dass sie auch auf dich zutreffen, dann schreibe sie in eine der Sprechblasen. Du kannst aber auch eigene Begründungen ergänzen.

„... mir keiner vorschreibt, was ich tun soll."

„... es nicht so anstrengend ist."

„... ich mit meinen Freunden etwas gemeinsam erlebe."

„... ich alles gut verstehe."

„... das Thema mir gefällt."

„... mich meine Eltern oder Lehrer dafür loben."

„... das, was ich lernen soll, nicht zu schwierig ist."

„... ich merke: Ich kann etwas!"

„... ich keine Hilfe brauche."

„... ich dabei erfolgreich bin."

„... wenn es mit einer guten Note belohnt wird."

Das Lernen erleichtern

Einige Tipps, die dir das Lernen erleichtern, findest du auch im Kapitel „Hausaufgaben“ ab Seite 52.

Kennt ihr das? Manchmal fällt das Lernen ziemlich schwer, ihr sitzt ewig vor den Büchern und kommt doch nicht vorwärts. Dann macht es wirklich keinen Spaß. Woran kann das liegen?

„Mir ging es so, als ich versucht habe, an einem Tag ein ganzes Gedicht auswendig zu lernen, das wir eigentlich in einer Woche lernen sollten. Das war ganz schön schlimm!“ Johanna stöhnt. „In der letzten Deutscharbeit habe ich eine Vier geschrieben. Ich habe gar keine Lust, für die nächste Arbeit zu üben“, erzählt Meral. „Als wir das kleine Einmaleins lernen sollten, hatte ich gar keine Lust dazu. Dieses blöde Auswendiglernen! Aber jetzt, wo wir die schriftliche Multiplikation gelernt haben, weiß ich endlich, warum wir so pauken mussten“, erinnert sich Benedikt.

Plötzlich bemerken die Kinder den kleinen Wichtel, der seine Hütte verlassen und sich heimlich auf den Schulhof geschlichen hat. Wanja erklärt: „Ob das Lernen Spaß macht oder nicht, hängt davon ab, wie ihr lernt. Lernen ist manchmal, wie auf einen hohen Berg zu steigen. Wenn du versuchst, den Weg zum Gipfel an der steilen Felswand an einem Tag emporzuklettern, kann es leicht passieren, dass du es nicht schaffst, vielleicht sogar abstürzt. Du musst auf halbem Weg umkehren und erreichst gar nichts. Wählst du dagegen einen Weg, der dich schrittweise nach oben führt, an dem du schöne Plätze für Pausen findest, dann kommst du sicher an den Gipfel und hast sogar Zeit, zwischendurch die Aussicht zu genießen.“

Male das Bild von Wanja als Gipfelstürmer an.

■ Lernen braucht ein Ziel!
Du brauchst ein Ziel für dein Lernen, auf das du dich freust, das du gerne erreichen möchtest. Wenn der Weg dahin einmal anstrengend wird, dann macht es dir weniger aus.

■ Teile deinen Lernstoff in überschaubare Portionen!
Wenn du dir zu viel auf einmal vornimmst, ist die Gefahr groß, dass du dich damit überforderst und gar nichts erreichst. Lernen macht dann keinen Spaß. Du solltest dir dein Lernpensum daher in überschaubare, nicht zu große oder zu kleine Portionen einteilen, die dich schrittweise zu deinem Ziel führen. Das heißt auch, dass du nicht zu lange am Stück lernen solltest. Beende deine angefangenen Aufgaben und arbeite nicht an fünf Aufgaben gleichzeitig. Wer kleine Aufgaben sicher schafft, kann sich ruhig auch einmal an große herantrauen.

■ Du schaffst es!
Glaube an dich, deine Fähigkeiten und deinen Erfolg. Du kannst fast alles schaffen, wenn du nur fleißig und regelmäßig arbeitest. Kleine Misserfolge und Umwege gehören zu jedem selbstständigen Lernen dazu! Wenn du dir aber immer wieder sagst, dass du nichts weißt und kannst, dann glaubst du es irgendwann selbst. In diese Falle darfst du aber auf gar keinen Fall geraten! Betrachte zwischendurch immer wieder, was du schon gelernt hast, du kannst dich ruhig selbst dafür loben! Wie wäre es mit einem Erfolgszettel?

Erfolgszettel
Lob: ....

Von wem? ....

Datum: ....

■ Lernen bleibt anstrengend!
Auf dem Weg zum Ziel gibt es Wegweiser und manchmal auch kleine Hilfen. Niemand kann dir jedoch die Anstrengung abnehmen, die zum Lernen nun einmal dazu gehört. Dafür ist es jedoch besonders schön, nach einer großen Anstrengung Erfolg zu haben. Die Mühe hat sich gelohnt!

Dieses Ziel möchte ich in nächster Zeit erreichen:

....

Welche kleinen Schritte helfen mir?

....

Meine erste Hürde:

....

Ich meistere sie, indem ich ...

....

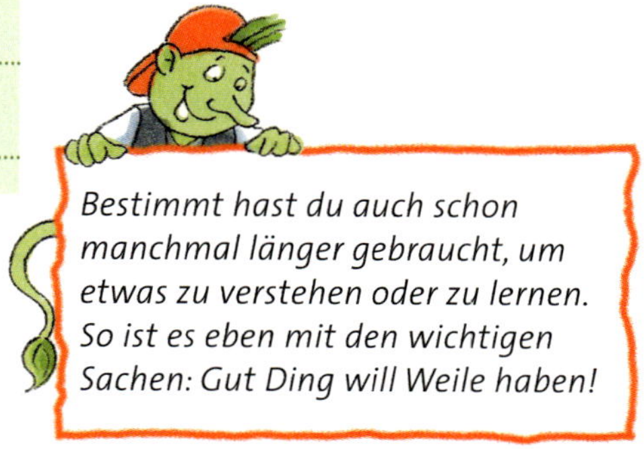

3 Konzentration

Konzentration kann man lernen!

Manchmal gibt es Tage, da kann Johanna im Unterricht nicht richtig zuhören. Sie zappelt auf dem Stuhl herum, steht bei jedem Anlass auf, will dauernd mit jemandem schwätzen und hört eigentlich gar nicht zu. Ständig bekommt sie dann Streit mit Meral, ihrer Sitznachbarin, die von ihrem Gezappel ziemlich genervt ist. „Pass doch endlich mal auf!" Mittags sitzt sie dann ganz hilflos vor ihren Hausaufgaben, weil sie in der Schule nichts mitbekommen hat.

Ihr Opa sagt immer: „Mädchen, du musst dich besser konzentrieren!" Ja, wenn es so einfach wäre ...

Viele Kinder und auch viele Erwachsene haben manchmal Schwierigkeiten, sich auf etwas zu konzentrieren, das heißt: ihre ganze Aufmerksamkeit nur auf eine bestimmte Sache zu richten. Sie denken an etwas anderes oder lassen sich von dem Geschehen um sie herum ablenken. Das ist ganz normal. Lass dich davon nicht entmutigen, denn Konzentration kann man trainieren!

Trotzig erzählt Johanna ihren Freunden und Wanja von ihren Schwierigkeiten: „Ich muss immer an etwas anderes denken. Meral kommt mich besuchen, und da überleg ich mir dauernd, was wir spielen können. Oder ich bin ganz abgelenkt durch den Geruch aus der anderen Klasse, die gerade Plätzchen backt. Und dann macht Benedikt oft ganz lustigen Quatsch, den ich nicht verpassen will. Es gibt nun mal an mir keinen Knopf wie am Fernseher, mit dem ich mein Gehirn auf Konzentration umschalten könnte."

Was tun?

*Dieses Kind möchte lernen.
Es gelingt ihm jedoch nicht, weil es ständig abgelenkt ist.
An was denkt es? Was glaubst du? Male oder schreibe es in die Blasen.*

Wenn es dir einmal so geht, dann schreibe jeden dieser Gedanken auf ein Papier und gib es dem Klammerkrokodil zum Fressen.
Ein Klammerkrokodil kannst du dir so basteln: Besorge dir eine Wäscheklammer aus Holz und bemale sie mit Filzstiften wie ein Krokodil .

Die eigene Mitte finden

Stell dir ein kreisrundes Labyrinth vor, zu dem es nur einen Eingang gibt. Ein schmaler Weg führt in vielen Windungen zur Mitte. Führt er einmal ganz um die Mitte herum, beschreibt er einen Kreis. Solche Kreise nennt man in der Mathematik „konzentrisch“.

Mit diesem Bild von „konzentrischen Kreisen“ kannst du dir gut vorstellen, was „sich konzentrieren“ bedeutet:
Seine Gedanken um einen Punkt kreisen lassen, seine ganze Aufmerksamkeit auf eine bestimmte Sache richten, alles andere vergessen.

Wenn du magst, dann zeichne den Weg durch das Labyrinth nach. Lass alles, was dich ablenken kann, allen Lärm und Ärger, draußen. Spürst du, wie du auf dem Weg zur Mitte immer ruhiger wirst?

Konzentriert sein – kennst du das?

Sicher gibt es Situationen, in denen du alles um dich herum vergisst, in denen du ganz konzentriert bist. Häufig sind es Dinge, die du gerne machst, die du gut kannst.

Schreibe in die Wolken, welche Dinge du selbst gerne machst und besonders gut kannst.

Wenn Meral mit ihrer Eisenbahn spielt, dann merkt sie noch nicht einmal, wenn Freunde zu Besuch kommen.

Beim Häkeln kann sich Benedikt so entspannen, dass er nicht einmal merkt, wenn ihn jemand kitzelt.

Johanna spielt gerne Blockflöte. Wenn sie übt, dann kann selbst ihr nerviger kleiner Bruder sie nicht stören.

Experimente

„Es ist schön, völlig konzentriert zu sein und alles um sich herum zu vergessen. Warum gelingt mir das so oft in der Schule und bei den Hausaufgaben nicht? Warum kann ich nicht konzentriert lernen, wenn ich es will?" Johanna schaut Wanja fragend an.
„Leider hilft es meist nur wenig, wenn du dir nur vornimmst, besser aufzupassen und dich besser zu konzentrieren. Im Gegenteil: Oft setzt du dich damit so unter Druck, dass gar nichts mehr in deinen Kopf gehen mag." Wanja legt die Stirn in Falten. „Ich kannte einmal ein kleines Mädchen, die hat für ihre Hausaufgaben jeden Tag drei Stunden gebraucht. Und das nur, weil sie sich nicht konzentrieren konnte."
„Heißt das, ich soll am besten gar nicht arbeiten, wenn ich mich nicht konzentrieren kann? Wie schön, dann brauche ich meine Hausaufgaben vielleicht gar nicht zu machen. Muss ich dann auch nicht in die Schule?" Benedikt freut sich.
„Na, so einfach ist es nicht." Wanja schmunzelt über die Ideen von Benedikt. „Du musst deine Aufgaben schon erledigen, sowohl zu Hause als auch in der Schule, sich drücken gilt nicht. Sie gehen dir jedoch leichter und schneller von der Hand, wenn du sie konzentriert erledigst. Vor allem: Du hast dann vielleicht sogar Spaß daran."
„Wie soll das gehen? Du hast doch selbst gesagt, es geht nicht auf Kommando. Heißt das, dass jeder, der sich nicht konzentrieren kann, immer schlecht in der Schule ist?", fragt Meral ein wenig ängstlich.
„Nein, das heißt es nicht. Es gibt nämlich Tricks, die dir helfen können, dich besser zu konzentrieren. Diese helfen nicht jedem Menschen, deshalb musst du sie selbst ausprobieren. Mein Vorschlag: Nimm dir eine halbe Stunde Zeit und mache mit mir drei Experimente. Dann hast du einige Möglichkeiten kennen gelernt, die anderen Kindern sehr geholfen haben."

1. Räume alles weg, was dich ablenkt!

„Räum dein Zimmer auf!“

Sicher hast du das schon oft gehört. Deine Eltern wollen, dass in deinem Zimmer keine zu große Unordnung herrscht, damit du gut arbeiten kannst. Sie haben meist Recht damit, denn oft kannst du dich nicht konzentrieren, weil dich zu viele Dinge ablenken. Beim Arbeiten siehst du deine schönen Spielsachen und sie erinnern dich, was du alles Angenehmes außer Arbeiten tun könntest. Und schon bist du mit den Gedanken woanders. Also: Aufräumen ist sinnvoll!

Frage deine Eltern besser nicht, was sie von deinem neuen Arbeitsplatz halten!

Das glaubst du nicht? Dann spiele doch das „Gegenteil-Spiel“. Das geht so: Suche dir einen Platz, an dem du sonst gerne spielst, egal ob es unter dem Bett, auf dem Schrank oder in der Badewanne ist. Leg viele schöne Spielsachen um dich herum. Bedenke: Ordnung ist jetzt eher störend. Du hast gerade Lust auf Schokolade? Auch die soll direkt vor deiner Nase liegen. Stimmung muss sein: Schalte dein Radio auf einen coolen Sender, nur nicht zu leise!

Und nun: Suche dir eine Uhr und löse in 2 Minuten an diesem, deinem neuen Lieblingsplatz, möglichst viele Mathematikaufgaben von Seite 30 (Nr. 1). Nach zwei Minuten musst du aufhören. Schummeln gilt nicht!

2. Beginne deine Arbeit entspannt!

Oft kannst du dich nicht gut konzentrieren, weil dir zu viel im Kopf herumspukt. Du bist angespannt, vielleicht sogar gestresst. Gegen Überlastung und Angst hilft Entspannung. Entspannen heißt loslassen, unangenehme Gedanken kommen und gehen lassen. Das kannst du auf viele Arten, beim Spielen, Lesen, Malen, ... Es hilft auch, in Ruhe ein Bild zu betrachten.

Lies in Ruhe den Text. Oder besser: Lass ihn dir von jemand anderem langsam vorlesen.

Schau dir den Flötenspieler an.
Er sitzt ganz ruhig auf einem Stein.
Er genießt die Musik seiner Flöte
und er lauscht in sich hinein.
Nichts stört ihn.
Nichts lenkt ihn ab.
Seine Musik ist in ihm.

Wenn du das Bild genau betrachtest,
kannst du die Musik hören.
Vielleicht ist sie leise, fremd, langsam,
vielleicht erinnert sie dich an etwas.
Du musst geduldig lauschen
und immer wieder auf das Bild sehen.

Nimm das Bild vom Flötenspieler
in dich auf,
schließe deine Augen,
werde still
und hör, wie die Musik in dir klingt.
Lenke deine Aufmerksamkeit
von der Musik
hin zu den Mathematikaufgaben.
Stell dir genau vor, wie du
sie lösen willst.
Wenn du es genau weißt,
dann öffne die Augen und beginn.

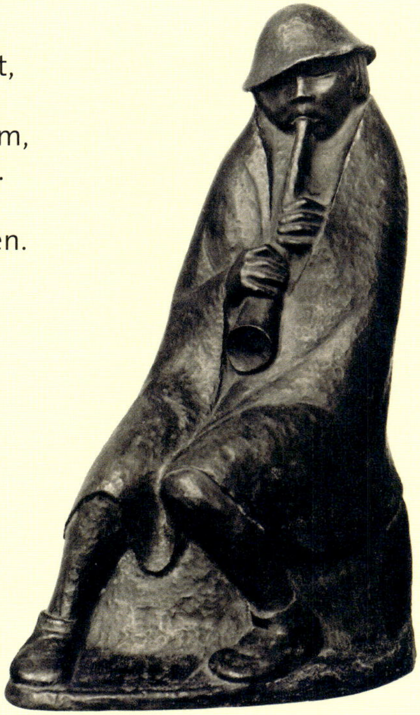

Suche dir ein schönes Bild, das du gerne ansiehst, und stelle es auf deinen Arbeitsplatz. Betrachte es immer, wenn dir die Konzentration nicht gelingen will.

Nimm wieder die Uhr und rechne so viele Mathematikaufgaben von Seite 30 (Nr. 2), wie du in zwei Minuten schaffst.

3. Pausen sparen Zeit!

Wenn du abgeschlafft und müde bist, in deinen Kopf will nichts mehr hineingehen, dann ist es höchste Zeit für eine Pause.
Du merkst es daran, dass du nicht mehr weißt, was du im letzten Abschnitt gelesen hast oder eine Mathematikaufgabe zum dritten Mal rechnest.
Forscher haben herausgefunden, dass die Konzentration schnell abnimmt, spätestens nach 30 Minuten bist du nur noch halb so leistungsfähig wie zu Beginn. Dein Kopf ist so müde, dass er nicht mehr richtig arbeiten kann. Daher musst du ihm zwischendurch immer wieder Erholungspausen gönnen – nicht lange, aber dafür richtig.

Das kannst du alles tun:

- Massiere deine Schläfen oder kaue einen Kaugummi. Damit weckst du Bereiche in deinem Gehirn auf, die die Konzentration fördern.
- Mache eine Gymnastikübung, wie zum Beispiel Liegestützen, Kniebeugen oder laufe eine Treppe hinauf und hinunter.
- Iss ein Stückchen Obst (Vitamine!).
- Leg dich kurz auf dein Bett und entspanne dich.
- Öffne ein Fenster und atme ein paarmal tief durch.

„Da werde ich ja mit den Hausaufgaben nie fertig!“, beschwert sich Benedikt entrüstet bei Wanja. „Mit deinen Vorschlägen dauert die Arbeit ja noch länger!“

Was hältst du davon? Kosten Pausen Zeit? Probiere es aus: Rechne auf Seite 30 (Nr. 3) so viele Mathematikaufgaben, wie du in zwei Minuten schaffst. Aber nicht an einem Stück: Mache immer nach vier Aufgaben eine ganz kurze Pause. Du kannst dich strecken, um deinen Stuhl herumlaufen oder fünfmal auf einem Bein hüpfen.

Das Wohlbefinden deines Körpers hat großen Einfluss auf deine Arbeitsleistung. Iss daher regelmäßig, trinke genug und geh frühzeitig schlafen, wenn du gut lernen möchtest.

Aufgaben zu den Experimenten
In jeder Reihe versteckt sich eine Einmaleinsaufgabe. Du findest sie so: Streiche von der ersten dreistelligen Zahl zwei Ziffern weg, von der zweiten Zahl ebenfalls. Von der dritten Zahl, die hinter dem Gleichheitszeichen steht, streiche nur eine Ziffer weg. Achtung: Manchmal gibt es mehrere Möglichkeiten!

Beispiele:

840 · 698 = 072
836 · 917 = 297
927 · 826 = 160

Löse die Aufgaben nicht, ohne die Seiten 27, 28, 29 zu lesen. Kontrolliere deine Lösungen auf Seite 96.

Nummer 1

682 · 258 = 450
953 · 871 = 635
431 · 617 = 248
679 · 274 = 549
143 · 378 = 182
281 · 161 = 478
220 · 469 = 518
242 · 935 = 128
193 · 307 = 267
204 · 315 = 210

Ergebnis: .... Aufgaben

Nummer 2

547 · 385 = 254
865 · 326 = 636
419 · 528 = 172
897 · 954 = 981
691 · 158 = 450
659 · 361 = 340
760 · 456 = 642
327 · 986 = 653
902 · 265 = 594
241 · 625 = 152

Ergebnis: .... Aufgaben

Nummer 3

185 · 163 = 415
135 · 583 = 460
539 · 834 = 152
231 · 584 = 284
241 · 265 = 150
743 · 871 = 576
856 · 239 = 782
532 · 689 = 418
287 · 908 = 674
398 · 768 = 543

Ergebnis: .... Aufgaben

Was deine Ergebnisse dir sagen

Bei welcher Nummer hattest du die meisten richtigen Lösungen?

Bei Nummer ....

Bei Nummer eins?
Du gehörst zu den wenigen Menschen, die sich auch vom größten Chaos nicht ablenken lassen. Daher musst du dieses Kapitel gar nicht zu Ende lesen, du brauchst keine Konzentrationsübung. Suche dir ein anderes interessantes Kapitel aus diesem Buch, mit dem du weiter machen möchtest.

Bei den Nummern zwei oder drei?
Den meisten Menschen geht es genau wie dir. Du musst also in den sauren Apfel beißen und deinen Arbeitsplatz von allen Dingen, die dich ablenken, freiräumen. Welche Dinge hindern dich sonst noch am konzentrierten Arbeiten?

Was musst du ändern, damit du konzentrierter arbeiten kannst?

....

....

....

....

....

....

....

Merke dir deine Ergebnisse! Im Kapitel über „Hausaufgaben“ ab Seite 52 kannst du sie noch einmal brauchen!

Bastle dir ein Türschild, damit alle wissen, wann du konzentriert arbeiten und nicht gestört werden möchtest. Suche dir dazu einen runden Bierdeckel, befestige daran eine Schnur und beklebe ihn vorne und hinten, zum Beispiel so:

Jetzt kannst du dein Türschild immer drehen.

Zeichne deine eigenen Mandalas: Verbinde die Punkte, wie vorgegeben, zuerst im äußeren Kreis, dann im zweiten usw., bis du innen bist. Mal es von außen beginnend schön an.
Im zweiten Beispiel kannst du dein eigenes Mandala auf die Punkte zeichnen.

Besonders schön sieht dein Mandala als Fensterbild aus: Dazu musst du das Punktmuster auf Butterbrotpapier abpausen, dein Mandala mit Filzstiften malen und das fertige Bild mit Speiseöl einreiben.

Training: Konzentration

Du kannst lernen dich besser zu konzentrieren. Du kannst es richtig trainieren. Und – es kann dir sogar Spaß machen! Vielleicht merkst du den Erfolg nicht gleich am nächsten Tag, aber wenn du über längere Zeit immer wieder übst, wird deine Konzentrationsfähigkeit deutlich besser. Hier findest du einige Spiele, die du allein oder auch mit Freunden zusammen spielen kannst. Beginn dein Training mit einer leichten Übung und steigere den Umfang nicht zu schnell. Jeden Tag zehn Minuten sind besser als eine Stunde in der Woche am Stück.

Ein Mandala zeichnen

Das Wort Mandala kommt aus einer sehr alten indischen Sprache, dem Sanskrit, wo es „Kreis“ bedeutet. Die Inder bezeichneten damit ein besonderes Kreisbild, das sie zu Entspannungs- und Konzentrationsübungen nutzten. Später haben auch andere Völker gemerkt, wie interessant und vergnüglich es sein kann, ein Mandala zu betrachten und zu malen.

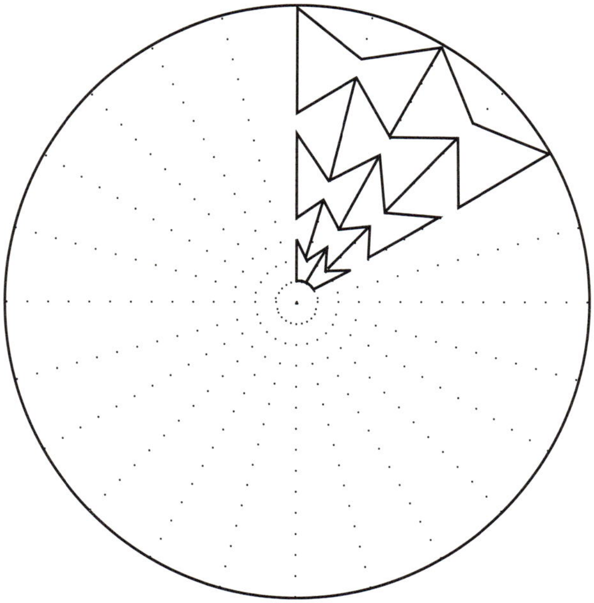

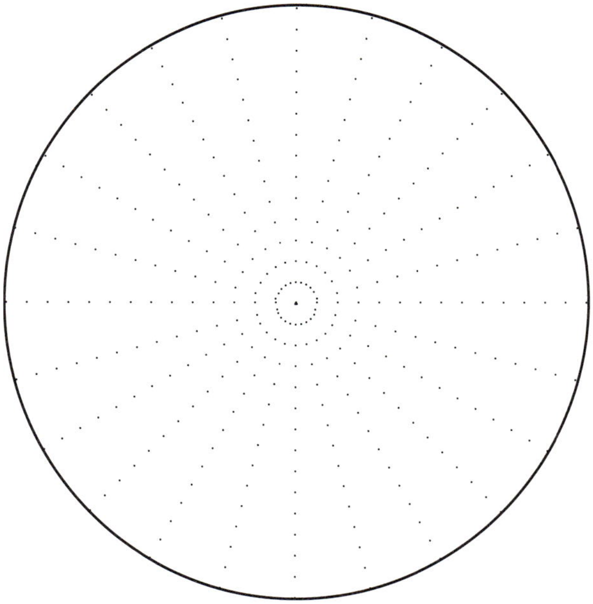

Streichholzturm

Stell eine Flasche und eine Schachtel Streichhölzer vor dich. Leg nun ein Streichholz nach dem anderen auf den Flaschenhals. Wenn dir ein Hölzchen herunterfällt, darfst du es nicht mehr drauflegen. Wie viele Streichhölzer ist dein Turm hoch? Mit Freunden spiele das Spiel so: Jeder bekommt dieselbe Anzahl Streichhölzer und legt abwechselnd reihum ein Streichholz auf den Flaschenhals. Wenn jemand ein Streichholz herunterwirft, muss er es behalten. Gewonnen hat, wer zuerst kein Streichholz mehr hat.

Zungenbrecher-Wettbewerb

Sag in einer Minute einen der Zungenbrechersätze möglichst oft fehlerfrei auf:

- In Ulm, um Ulm und um Ulm herum.
- Fischers Fritze fischt frische Fische.
- Blaukraut bleibt Blaukraut und Brautkleid bleibt Brautkleid.
- Die Katze tritt die Treppe krumm.
- Acht alberne Affen angeln am Abend achtzehn Aale.
- Zwischen zwei Zwetschgenbäumen zwitschern zwei geschwätzige Schwalben.
- Sieben Schneeschaufler schaufeln mit silbernen Schaufeln sieben Schaufeln Schnee.
- Bürsten mit braunen Borsten bürsten besser als Bürsten mit blauen Borsten.
- Zwei zierliche zahnlose Zwergziegenzüchter züchten zahme Zwergziegen.

Verbotene Wörter

Lies den Text der Einleitung auf den Seiten 8 und 9 laut vor. Ersetze dabei jedes Mal das Wort „und“ durch ein Quatschwort, zum Beispiel „Flipflap“.

Andere Blickrichtung

Auf den Seiten 10 und 11 siehst du ein Bild von Wanja, Benedikt, Johanna und Meral. Stell dir vor, du würdest auf der Hundehütte sitzen – welches Bild siehst du jetzt? Versuche es zu zeichnen.

Es gibt viele Zeitschriften und Bücher, in denen du weitere Konzentrationsübungen finden kannst. Am besten, du wählst für dein Training verschiedene Übungen aus.

Meine Trainingserfolge

Hier kannst du auswerten, ob sich deine Bemühungen gelohnt haben. Schreibe in die obere Zeile, wann du geübt hast und was. In den Zeilen darunter kreuze an, wie es dir dabei gegangen ist. Benedikt hat für seine Hausaufgaben am letzten Montag die erste Spalte ausgefüllt:

Datum: Inhalt:	11. 02. Sachaufgaben rechnen				
Ich war ständig abgelenkt.					
Ich war mit meinen Gedanken nicht bei der Sache.					
Ich konnte mich in Pausen nicht entspannen.	X				
Ich habe mich nicht so leicht ablenken lassen.	X				
Ich war mit meinen Gedanken gut bei der Sache.					
Ich konnte mich in Pausen entspannen.					

Du hast Fortschritte gemacht, wenn du deine Kreuze eher im unteren Bereich der Tabelle gesetzt hast.

Wenn du dich nicht so gut konzentrieren konntest, dann frage dich:

Ja	Nein	**Habe ich**
☐	☐	alle Ablenkung beseitigt?
☐	☐	genügend gegessen, geschlafen, mich sportlich betätigt?
☐	☐	mein Zimmer gelüftet?
☐	☐	an einem Arbeitsplatz gesessen, an dem ich gerne arbeite?
☐	☐	mit einer Konzentrationsübung begonnen?
☐	☐	zu vernünftigen Uhrzeiten gearbeitet?
☐	☐	immer nur eine Aufgabe bearbeitet und nicht viele auf einmal begonnen?
☐	☐	rechtzeitig Pausen gemacht?
☐	☐	die Pausen zum Entspannen genutzt?
☐	☐	eine gute Reihenfolge der Aufgaben gewählt?

Weitere Tipps findest du im Kapitel „Hausaufgaben“ ab Seite 52.

Zähle die Nein-Antworten zusammen und entscheide selbst, welche Aussage am besten auf dich zutrifft:

- Kein Wunder, dass ich mich nicht konzentrieren kann – unter den Bedingungen könnte das kein Mensch! Ich muss meine Arbeitsorganisation grundsätzlich verändern.

- Eigentlich sind meine Arbeitsbedingungen bis auf Kleinigkeiten ganz gut. Ich möchte nur folgenden Punkt verbessern:

....

- Alle Voraussetzungen sind eigentlich erfüllt. Trotzdem konnte ich mich nicht gut konzentrieren. Woran könnte das liegen?

....

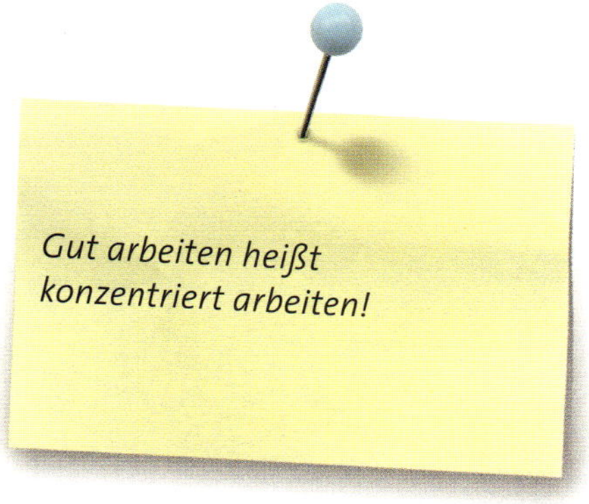

4

Gedächtnis

Dem Gedächtnis auf die Sprünge helfen

Frau Lieser spielt mit ihrer Klasse oft ein Spiel, das **Kim-Spiel**. Meral gefällt das Spiel gar nicht, weil sie dabei häufig verliert. Es geht so:

„Wir sitzen im Kreis und Frau Lieser legt zwölf Gegenstände in die Mitte. Wir haben zwei Minuten Zeit, uns die Sachen genau einzuprägen. Dann werden die Sachen zugedeckt und Frau Lieser bringt uns mit einigen schweren Mathematikaufgaben durcheinander, erst dann dürfen wir die Gegenstände aufschreiben. Gewonnen hat, wer sich an die meisten Gegenstände erinnert. Aber wie soll ich mir zwölf Sachen auf einmal merken? Ich bin immer die Schlechteste."

Wanja pflichtet ihr bei: „Zwölf Sachen auf einmal kann sich wirklich kaum ein Mensch merken. Wenn doch, dann sind diese Menschen sehr geschickt. Sie nutzen einerseits die Fähigkeiten ihres Gehirns und trainieren andererseits ihr Gedächtnis. Wenn ihr wollt, kann ich euch einige Gedächtnistricks zeigen und mit euch einige Spiele als Gedächtnistraining machen. Ihr werdet sehen, dass ihr euch nach diesem Training viel mehr merken könnt."

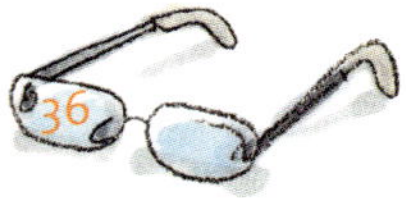

*Wie viele Gegenstände kannst du dir merken?
Suche dir eine Uhr mit Sekundenanzeiger und sieh dir die Gegenstände zwei Minuten genau an.
Nun blättere die Seite um und löse die Aufgabe mit dem Buchstabengewimmel.*

Verbinde nur die Großbuchstaben in der richtigen alphabetischen Reihenfolge!

Du kannst das Spiel auch mit einer Freundin oder einem Freund spielen. Leg zwölf Gegenstände unter ein Tuch. Nimm das Tuch nur für zwei Minuten weg. Lenkt euch durch eine Konzentrationsübung ab. Wer weiß noch, welche Gegenstände unter dem Tuch gelegen haben?

Welche Gegenstände aus dem Kim-Spiel hast du dir gemerkt?

....

....

....

Auswertung

11 – 12 Gegenstände
Super, du bist ein richtiger Blitzmerker!
Auf den nächsten Seiten lernst du noch mehr Tricks kennen.

7 – 10 Gegenstände
Prima, du kannst dir schon viel merken! Du kannst jedoch lernen, noch mehr zu behalten.

0 – 7 Gegenstände
Macht nichts! Wenn du nur dein Gedächtnis trainierst, wirst auch du bald ein Blitzmerker. Wie, das verraten dir die nächsten Seiten.

Gedächtnistricks

„Ein Mensch kann nur fünf bis neun Dinge gleichzeitig im Gedächtnis behalten“, haben Forscher herausgefunden.

„Stimmt nicht!“, widerspricht Johanna empört, „ich konnte mir schon einmal elf Gegenstände beim Kim-Spiel merken! Forschen Forscher furchtbar falsch?“

„Nicht unbedingt!“, lacht Wanja. „Denn dein Gehirn kennt Tricks, wie es sich ganz viele Sachen merken kann, und doch nur fünf bis neun Dinge gleichzeitig im Gedächtnis behält. Das geht so: Anstelle vieler einzelner Dinge musst du dir mehrere auf einmal behalten, zum Beispiel, indem du Zusammenhänge, Verwandtschaften und Ähnlichkeiten findest und dir nur diese merkst.“
Johanna runzelt die Stirn. „Das klingt aber ganz schön kompliziert!“
Wanja lächelt verständnisvoll: „Ich geb dir mal ein Beispiel. Wenn du dir die Begriffe ‚Kreide‘ – ‚Tafel‘ – ‚Schwamm‘ merken willst, kannst du dir einfach ein Bild von eurer Schultafel einprägen. Anstelle von drei Wörtern speichert dein Gehirn dann nur ein Bild: die Schultafel mit den zwei Gegenständen. Statt drei Dingen musst du dir nur eines merken. Du kannst dir also noch ungefähr acht andere Dinge merken.“
„Das klingt ja wie Zauberei!“ Benedikt ist erstaunt über das, was sich da in seinem Kopf abspielen soll. „Und woher weiß mein Gehirn, welche Gegenstände es sich zusammen merken kann?“, fragt er den Wichtel ganz aufgeregt.
„Das ist abhängig von dem, was du weißt, welche Ideen du hast und was du dir gut vorstellen kannst. Ich könnte euch einige Gedächtnistricks zeigen, mit denen ihr bestimmt das nächste Kim-Spiel gewinnt.“
„Au ja!“ Meral ist erleichtert über die Aussicht, nicht mehr dauernd zu verlieren. „Aber nur, wenn es nicht zu schwierig ist.“

Trick 1:

Überlege, welche Gegenstände du dir gut zusammen merken kannst. Erinnerst du dich an einen Gegenstand, dann hoffentlich auch an die anderen. Benedikt merkt sich die drei Gegenstände ‚Bleistift' – ‚Heft' – ‚Buch' so:
Ich schreibe den Text aus dem Buch mit dem Bleistift in ein Heft.

Welche Gegenstände willst du dir zusammen merken? Schreibe sie hier auf!

....

....

....

Trick 2:

Denke dir eine lustige Geschichte mit den Gegenständen aus. Schreibe sie auf.

Denke dir eine Geschichte mit den Gegenständen aus.
Johannas Geschichte fängt so an: Eines Tages gelang es einem Bleistift, aus dem Mäppchen eines Schülers zu fliehen. In der Freiheit traf er ein Heft und ein Buch. Er fragte: „Darf ich etwas auf euch zeichnen?" Da freute sich das Heft, aber das Buch …

Trick 3:

Stelle dir im Kopf ein lustiges Bild mit den Gegenständen vor.
Kannst du es auch zeichnen?

Welches Bild hast du dir vorgestellt? Benedikt hat schon einmal angefangen, seines zu zeichnen. Welche Gegenstände fehlen noch? Male sie dazu!

Trick 4:

Finde eine Bewegung, mit der du dir verschiedene Gegenstände gut einprägen kannst.
Meral merkt sich eine Schwimmbewegung, da sie dies an den Sommerurlaub am Badesee erinnert: Mit Baseballmütze und Sonnenbrille spielte sie mit ihrer Quietschente im Wasser.

Es gibt noch viel mehr Tricks, die das Merken erleichtern können. Einige kannst du bei den nächsten Spielen ausprobieren, andere musst du dir selbst überlegen. Welcher Trick dir am besten hilft, musst du selbst herausfinden.

Spiele mit Köpfchen

Es gibt viele Spiele, die du gewinnen kannst, wenn du nur die richtigen „Tricks“ kennst. Probiere sie aus. In den blau hinterlegten Kästen findest du einige Techniken, die dir weiterhelfen können.

Ich packe meinen Koffer …
Du stellst dir vor, dass du eine ganz verrückte Urlaubsreise machen möchtest und einen riesigen Koffer mitnimmst. Meral fängt an und sagt: „Ich packe meinen Koffer und nehme ein Kamel mit.“
Nun ist Benedikt dran: „Ich packe meinen Koffer und nehme ein Kamel mit und einen Feuerwehrschlauch.“ Johanna: „Ich packe meinen Koffer und nehme ein Kamel mit und einen Feuerwehrschlauch und ein Ufo.“
Jeder muss alle Sachen wiederholen, die im Koffer sind, und kann etwas Neues hineinpacken. Wer sich die Sachen nicht mehr merken kann, scheidet aus. So wird der Koffer voller und voller …

Mit welchem Trick merkst du dir die ursprüngliche Anordnung?

- ☐ Ich erfinde eine lustige Geschichte, in der alle Gegenstände der Reihe nach vorkommen.
- ☐ Ich stelle mir ein Bild mit einem Weg vor, an dem ich nacheinander an den Gegenständen vorbeikomme.
- ☐ Ich stelle mir zu jedem Gegenstand eine Bewegung vor.

Perfekte Bedienung
Leg sechs Besteckteile vor dich auf den Tisch, der Kopf zeigt zu dir oder er zeigt von dir weg. Präge dir die Anordnung eine Minute lang genau ein. Dann dreh dich um, während dein Freund die Lage eines Teiles verändert. Welches Teil hat er verändert?

Wie hast du dir jetzt die ursprüngliche Anordnung gemerkt?

- ☐ Ich merke mir nur das Wesentliche und präge mir nur die Richtung ein, in der die Besteckteile gelegen haben (zum Beispiel: Dreimal zeigt das Oberteil auf mich, zweimal weg von mir, einmal auf mich).
- ☐ Ich „fotografiere“ die Besteckteile in meinem Kopf.

Puzzlebild

Schaue dir eines der kleinen Quadrate eine Minute lang genau an. Halte es zu und zeichne es im rechten Bild in das Quadrat mit derselben Nummer.

Hast du einen Trick gefunden?

- ☐ Ich stelle mir das kleine Bild als Ausschnitt von einem größeren Bild vor.
- ☐ Ich merke mir die Formen in dem kleinen Bild.

Gedächtnistraining im (Schul-)Alltag

Eine Einkaufsliste einprägen

Johanna hat die ganze Zeit aufmerksam zugehört. Irgendwann meint sie:
„So schön es ist, bei Spielen zu gewinnen – aber mal ehrlich: Eigentlich muss ich mir ganz andere Dinge merken. Wenn mich zum Beispiel meine Mutter einkaufen schickt, dann hat sie meist einen großen Zettel vorbereitet. Den soll ich mir dann merken. Ich gehe dann von einem Geschäft ins nächste und wenn ich nach Hause komme, habe ich die Hälfte vergessen und muss noch einmal los. Ich könnte ja die Einkaufsliste mitnehmen, aber die ist so unübersichtlich. Gibts nicht auch irgendwelche Möglichkeiten, um sich so eine Einkaufsliste besser zu merken?“

„Klar gibts die. Eine besonders trickreiche Methode ist, sich eine ‚Mind-Map‘ zu erstellen. Auf Deutsch übersetzt heißt das: ‚Gedächtnis-Landkarte‘ (weil es Englisch ist, spricht man es ‚Maind Mäp‘ aus). Mit einer Mind-Map versuchst du, Informationen auf dem Papier so anzuordnen, dass du sie dir gut merken kannst. Eine Mind-Map erstellst du so:

1. Suche dir ein großes Blatt und schreibe das Thema in die Mitte: Einkaufsliste. Kreise es mit einem Filzstift ein, damit du es immer gut im Blick behältst.
2. In welchen Geschäften musst du einkaufen? Zeichne von der Mitte aus Verbindungslinien und schreibe an jede dieser Linien ein Geschäft:
   a. Bäckerei
   b. Metzgerei
   c. Gemüsehandlung
   d. Supermarkt
3. Zeichne von jeder dieser Verbindungslinien neue Verbindungslinien und schreibe daran, was du in den Geschäften besorgen möchtest.“

Mit einer Mind-Map kannst du übrigens auch gut für Klassenarbeiten üben, zum Beispiel, indem du dir eine Übersicht über Gelerntes machst.
Du kannst damit auch Ideen für eine Geschichte oder ein Referat sammeln.

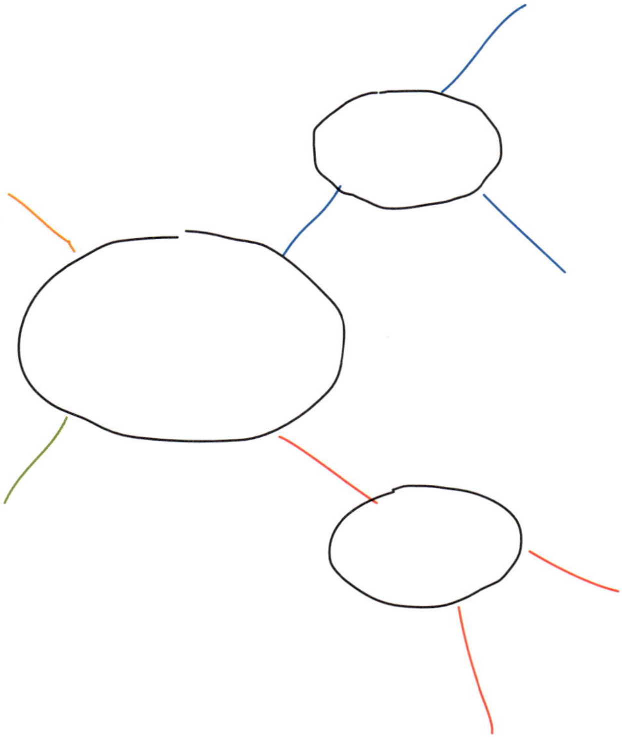

Mache aus dem Einkaufszettel von Johannas Mutter eine Mind-Map. Wenn zu wenige Verbindungslinien gezeichnet sind, dann ergänze sie.
Wenn du fertig bist, dann sieh sie dir noch einmal an. Hast du an alles gedacht?
Nun schließe das Buch und versuche, die Einkaufsliste auswendig aufzusagen.

Gedichte lernen

„Ich würde mir gerne das Gedicht, das wir für morgen auswendig lernen sollen, ganz schnell merken können“, sagt Meral.
„Genau!“, bestätigt Benedikt. „Wenn ich morgen drankomme, purzeln in meinem Kopf alle Wörter durcheinander und ich weiß gerade noch die Überschrift. Dabei habe ich es zu Hause so oft durchgelesen!“
Wanja schaut die Kinder streng an: „Durchlesen allein bringt nichts! Nutzt eure Gedächtnistricks und lernt das Gedicht anders: Findet Bewegungen dazu, lernt die Reimwörter oder beschäftigt euch mit dem Inhalt. Wenn ich euer Gedicht für morgen lernen müsste, würde ich mir zu jeder Strophe ein Bild merken.“

1. Lies das ganze Gedicht laut vor und stelle dir dazu ein Bild vor.
2. Unterstreiche alle Wörter blau, die sich reimen, und alle Wörter rot, die du malen kannst.
3. Zeichne zu jeder Strophe ein Bild in das viergeteilte Raster. Die rot unterstrichenen Wörter werden dir helfen. Schreibe die Reimwörter zu den Bildern.
4. Lerne eine Strophe des Gedichts mithilfe der Bilder. Am Anfang darfst du noch auf den Text schauen, dann nur noch auf deine Bilder.
5. Lerne die nächste Strophe. Wenn du sie kannst, sag auch die erste mithilfe der Bilder wieder auf.
6. Trage das Gedicht deinen Eltern vor – die werden sich wundern!

Ich male mir den Winter (Josef Guggenmos)

1. Ich male ein Bild, ein schönes Bild,
ich male mir den Winter.
Weiß ist das Land, schwarz ist der Baum,
grau ist der Himmel dahinter.

2. Sonst ist da nichts, da ist nirgends was,
da ist weit und breit nichts zu sehen.
Nur auf dem Baum, auf dem schwarzen Baum
hocken zwei schwarze Krähen.

3. Aber die Krähen, was tun die zwei,
was tun die zwei auf den Zweigen?
Sie sitzen dort und fliegen nicht fort.
Sie frieren nur und schweigen.

4. Wer mein Bild besieht, wie's da Winter ist,
wird den Winter durch und durch spüren.
Der zieht einen dicken Pullover an
vor lauter Zittern und Frieren.

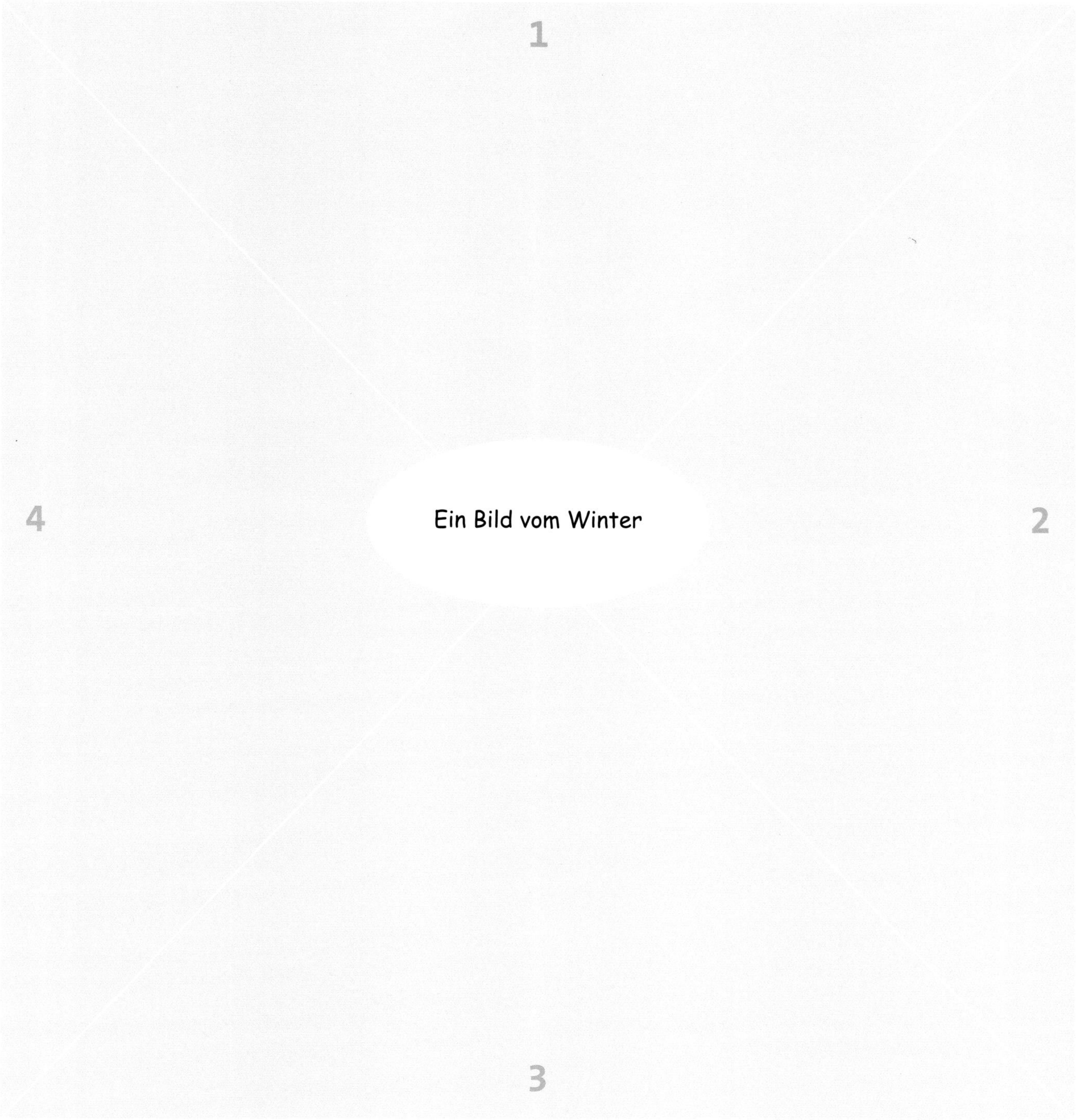
1
4
Ein Bild vom Winter
2
3

Texte wiedergeben

Benedikt kann eigentlich ganz gut lesen. Gerade im Sachunterricht passiert es ihm jedoch häufig, dass er nach dem Lesen eines Textes nur noch wenig von dem weiß, was er gelesen hat. Und das in seinem Lieblingsfach! Die letzte Klassenarbeit ist deshalb sogar schief gegangen. „Ich würde gerne etwas verändern, weiß aber nicht so genau, wie", klagt er.

Nur wenige Kinder können einen Text nach einmaligem Lesen wiedergeben. Das ist nicht einfach. Es fällt dir aber leichter, wenn du bestimmte Hilfen nutzt.

- Du kannst dir den Text selbst laut vorlesen.
  Achte dabei auf Pausen am Satzende, auf Kommas und auf die Betonung bei Fragen oder Ausrufen.
- Lass dir den Text von einem Freund oder einer Freundin vorlesen.
- Sprich mit einem anderen Kind über das, was ihr gelesen habt: Worum geht es? Wer tut was? Was hast du nicht verstanden?

Wenn du einen schwierigen Text, in dem es vor Informationen geradezu wimmelt, zusammenfassen willst, ist es ratsam, den Text schrittweise zu lesen. Folgende Schritte solltest du befolgen:

- Lies den ganzen Text und verschaffe dir einen Überblick: Worum geht es?
- Lies jeden Abschnitt des Textes einzeln. Unterstreiche wichtige Wörter und schreibe eine Überschrift an den Rand. Du kannst natürlich auch farbig unterstreichen und zum Beispiel immer einer bestimmten Person eine Farbe zuordnen.
- Übersetze den Text in eine andere Darstellungsform. Male zum Beispiel ein Schaubild, schreibe eine Zusammenfassung in dein Heft, mache dir einen Spickzettel oder gib den Text in eigenen Worten wieder.

Bastle dir ein Lineal, das dir hilft, beim Lesen die richtige Zeile zu halten und beim Unterstreichen gerade Striche zu ziehen: Suche dir einen festen Karton, zum Beispiel die Rückseite deines Zeichenblocks. Leg ihn so vor dich hin, dass eine gerade Seite zu dir zeigt. Zeichne darüber etwas, das zu dem Text passt, den du gerade liest, zum Beispiel Planeten bei einem Text über das Weltall oder ein Krokodil bei einem Text über den Zoo. Schneide den Umriss aus (an der geraden Seite darfst du nicht schneiden!) und male dein Lineal bunt an.

1. Worum geht es in dem Text?

2. Lies die Abschnitte einzeln:
   a. Unterstreiche wichtige Wörter.
   b. Suche für jeden Abschnitt eine Überschrift

Abschnitt 1:

Abschnitt 2:

Abschnitt 3:

3. Notiere dir zu dem Text höchstens zwölf Stichpunkte. Halte mithilfe deiner Stichpunkte einen kurzen Vortrag über den Text.

Fasse den Text „Unser Sternenhimmel“ so zusammen, dass du jemandem seinen Inhalt erzählen kannst.
Beantworte dazu die Fragen.

Auch Benedikt hat sich mit diesem Text beschäftigt und den Inhalt als Spickzettel zusammengefasst. Sieh auf Seite 76 nach.

Unser Sternenhimmel

Seitdem es Menschen auf der Erde gibt, staunten sie nachts über den Sternenhimmel. Was sind das für Lichter, die die Nacht heller machen, was will der Erschaffer der Welt uns mit diesem Leuchten sagen? Tags beobachteten sie, wie die Sonne um die Erde herum wandert, nachts den Mond und die kreisenden Sterne.

Heute wissen wir dank vieler Beobachtungen, dass unsere Erde nur einer von neun Planeten ist, die sich um die Sonne bewegen. Planeten leuchten nicht selbst, sondern dadurch, dass sie von der Sonne angestrahlt werden. Unser Mond ist ein Satellit, also ein Himmelskörper, der um einen Planeten kreist. Wir wissen auch, dass sechs der neun Planeten unseres Sonnensystems einen oder mehrere Satelliten haben. Auch Satelliten leuchten nicht von selbst, sondern dadurch, dass sie von der Sonne angestrahlt werden.

Am Nachthimmel sehen wir nicht nur die Planeten unseres Sonnensystems. Wir sehen auch Sterne von benachbarten Sonnensystemen, denn unsere Sonne ist nur ein Stern unter Milliarden anderer in unserer Milchstraße. Durch die vielen funkelnden Sterne bekommen wir einen kleinen Eindruck von dem, was sich außerhalb unseres Sonnensystems befindet. Stell dir vor, wir bräuchten mit der schnellsten heute bekannten Rakete 10 000 Jahre bis zum nächsten Nachbarstern. Kannst du dir vorstellen, wie groß unsere Milchstraße ist?

Lernwörter richtig schreiben

„Für das Diktat nächste Woche hat uns Frau Lieser einige Lernwörter gegeben, die sicherlich drankommen“, berichtet Benedikt. „Und sie hat uns eine lange Predigt gehalten: „Kinder, ihr müsst früher anfangen zu üben! Wenn wir nächste Woche ein Diktat schreiben, dann müsst ihr heute schon eure Lernwörter üben.“ Benedikt schüttelt den Kopf. „Länger als einen Tag kann ich mir kaum etwas merken, und nach einer Woche habe ich praktisch alles vergessen. Warum soll ich also so früh anfangen?“, fragt er den Wichtel.

Wanja erklärt ihm das so: „Alles, was du hörst, siehst und denkst, ist nur vorübergehend in deinem Gedächtnis. Es droht schnell in Vergessenheit zu geraten. Vergessen heißt jedoch nicht, dass dein Wissen völlig verschwunden ist. Das merkst du, wenn du etwas zum zweiten Mal lernst, denn dann fällt es dir oft viel leichter. Je öfter du es wiederholst, umso besser kannst du dich daran erinnern. – Wenn du also etwas lernen möchtest, an das du dich auch noch nächste Woche erinnern willst, solltest du Zeit einplanen. Lernen braucht viele Wiederholungen, zuerst in kleineren, dann in größeren Abständen. Dafür solltest du dir eine Lernkartei anlegen.“

Es klingelt. Wanja verschwindet in seiner kleinen Hütte, bevor Benedikt ihn fragen kann, wie das genau funktioniert. Nach der Pause fragt er deshalb seine Lehrerin. Frau Lieser ist begeistert von der Idee und findet in ihrem Pult noch ein Arbeitsblatt, das sie im letzten Schuljahr ausgeteilt hat, als ein paar Kinder fragten, wie sie sich auf die weiterführende Schule vorbereiten können.

Wenn du dir ein Lernwort nur schwer merken kannst, schreibe es einfach auf einen kleinen Zettel und klebe ihn dir zum Beispiel an den Spiegel im Badezimmer.
Da siehst du das Wort dann immer beim Zähneputzen und kannst dir die richtige Schreibung bestimmt schnell merken.
Nach ein paar Tagen kannst du den Klebezettel austauschen.

So kannst du dir eine Lernkartei bauen:
Besorge dir eine Schachtel aus Pappe oder Karton. Leg in die Schachtel zwei bunte Karteikärtchen aus Pappe ein, sie unterteilen den Kasten in drei Fächer. Schneide dir Kärtchen, die genau in die Schachtel passen.
Nimm dir ein Kärtchen und schreibe ein Lernwort darauf. Kontrolliere genau, dass du es richtig geschrieben hast. Leg das Kärtchen in das erste Fach deiner Lernkartei. Jetzt beschrifte das zweite Kärtchen mit einem Lernwort, dann das dritte, das vierte usw., so lange, bis du für jedes Lernwort ein eigenes Kärtchen in deiner Kartei hast.

Nun kann es losgehen:

1. Nimm das erste Kärtchen aus dem ersten Fach und lies das Lernwort. Leg das Kärtchen verdeckt vor dich und schreibe das Wort, ohne es nochmals anzusehen. Dann kontrolliere: Sind alle Buchstaben am richtigen Platz?

    Ja? Klasse! Leg das Kärtchen ins zweite Fach.
    Nein? Oha! Leg es zurück ins erste Fach.

2. Liegen im zweiten Fach genügend Kärtchen, dann bitte ein anderes Kind, dir die Lernwörter zu diktieren. Hast du die Wörter richtig geschrieben?

    Ja? Klasse! Leg das Kärtchen ins dritte Fach.
    Nein? Tja, das Kärtchen kommt zurück ins erste Fach.

3. Die Wörter aus dem dritten Fach lass dir von einem Erwachsenen diktieren. Es gilt wieder: Hast du die Wörter richtig geschrieben?

    Ja? Dann in den Mülleimer mit den Kärtchen, die brauchst du nicht mehr, du hast die Rechtschreibung im Kopf.
    Nein? Beginne wieder im ersten Fach.

Oder kurz:
Richtig heißt: ins nächste Fach.
Falsch heißt: zurück ins erste Fach.

Du möchtest die Quadratzahlen von 11 bis 20 lernen? Kein Problem mit der Lernkartei. Schreibe auf die Vorderseite die Aufgabe und auf die Rückseite die Lösung.

5 Hausaufgaben

Immer Ärger mit den Hausaufgaben

Johanna rümpft die Nase. Vor ihr türmt sich ein Berg von Heften, Büchern und Zetteln auf dem Tisch. Das alles soll sie heute noch erledigen. Wie soll sie das nur schaffen? Vielleicht hätte sie nach der Schule nicht mit ihrer Freundin Sonja spielen sollen? Aber nach der Schule braucht Johanna immer erst einmal eine Pause und etwas Entspannung. Betrübt sieht sie ihren Berg Arbeit an. „Und wenn ich morgen fehle?" Gleich verwirft sie diesen Gedanken wieder. Ihre Mutter merkt es immer sofort, wenn sie nur so tut, als sei sie krank.

Johanna weiß genau, was weiter geschieht: In einer Stunde wird ihre Mutter von der Arbeit kommen und ihre Hausaufgaben nachsehen. Dann wird sie zugeben, dass sie noch nicht fertig ist. „Oje, das gibt wahrscheinlich Ärger." Heute Abend wollte ihr Vater eigentlich mit ihr ins Schwimmbad gehen. Daraus wird wohl nichts. Oder? Wenn sie sich jetzt sehr beeilt? Aber – wo anfangen? Der Berg ist einfach zu hoch.

Du hast sicher auch schon gemerkt: Manchmal bist du mit den Hausaufgaben ganz schnell fertig und hast viel Zeit zum Spielen. Dann gibt es wieder Tage, da sitzt du vor deinem Heft und weißt gar nicht, wo du anfangen sollst. Die Hausaufgaben dauern ewig, deine Mutter schimpft und richtig ordentlich ist das Ergebnis auch nicht. Woher kommt das?

„Wenn ich das wüsste, dann würde ich es ändern!“, murmelt Johanna.
„Ganz bestimmt!“, stimmt ihr Benedikt zu. „Ich weiß auch schon, woran das liegen kann.“

- [ ] Am Schreibtisch bin ich total müde und kann mich gar nicht richtig konzentrieren.
- [ ] Ich muss oft an etwas anderes denken. Die Hausaufgaben dauern dann ewig lange.
- [ ] Wenn ich meinen Schreibtisch ansehe, dann vergeht mir die Lust am Arbeiten.
- [ ] Manchmal vergesse ich, was ich aufhabe.
- [ ] Ich vergesse mittags, dass ich noch Hausaufgaben machen muss. Dann fange ich erst abends damit an. Nachts träume ich dann von den Aufgaben.
- [ ] Nach der Schule habe ich mittags oft keine Lust für Hausaufgaben. Deshalb sammeln sich so viele Aufgaben am Wochenende, dass ich gar keine Zeit zum Spielen habe.
- [ ] Ich habe so viele Hausaufgaben auf, dass ich gar nicht weiß, wo ich anfangen soll.
- [ ] Wenn ich mich zum Beispiel nicht zwischen dem Fernsehfilm und den Hausaufgaben entscheiden kann, mache ich meine Aufgaben vor dem Fernseher. Genießen kann ich dann keins von beiden.
- [ ] Wenn ich einmal etwas nicht verstanden habe, weiß ich nicht, wen ich fragen kann.
- [ ] Manchmal brauche ich für nur eine einzige Aufgabe ewig lang, weil ich eine Kleinigkeit nicht verstanden habe.

Hier siehst du die Liste von Benedikt.
Kennst du auch solche Schwierigkeiten? Kreuze sie an.

Einige Hinweise findest du in diesem Kapitel, andere in den Kapiteln „Konzentration“ (S. 22) und „Gedächtnis“ (S. 36).

Hast du noch eine andere Erklärung, warum deine Hausaufgaben manchmal so lange dauern?

....

....

....

Den Arbeitsplatz gestalten

Male alle Gegenstände, die auf dem Schreibtisch liegen und dort nicht hin gehören, schwarz an. Die Dinge, die du an eine andere Stelle legen würdest, male rot an.

Als Johanna Wanja von ihren Schwierigkeiten berichtet, bekommt er gleich rote Ohren. Ganz interessiert fragt er sie: „Darf ich einmal mit dir nach Hause kommen und mit dir zusammen Hausaufgaben machen?“ Freudig stimmt Johanna zu und nimmt Wanja heimlich in ihrer Sporttasche mit nach Hause.
Schon bald streiten sie sich, weil kein Lineal zu finden, der Klebstoff weg und die Tintenpatrone leer ist.
„Was für ein Chaos!“, schimpft Wanja. „Kein Wunder, dass du Schwierigkeiten mit den Hausaufgaben hast!“
Johanna giftet zurück: „Wer Ordnung hält, der ist nur zu faul zum Suchen.“

Welche Gegenstände sollten deiner Meinung nach griffbereit am oder auf dem Schreibtisch sein? Kreuze an.

- Gameboy
- Lampe
- Lexikon
- Radio
- Locher
- Klebstoff
- Bananenschale
- Pinnwand
- Flasche Limonade
- Buntstifte, Filzstifte
- Telefonnummern von Klassenkameraden
- Fremdwörterduden
- Füller
- Telefon
- Papierkorb
- Drucker
- Spitzer
- Teddybär
- CD
- Lineal
- Schere
- Schulbücher
- Bilder
- Comic
- Tintenpatronen
- Ball
- Uhr
- Taschenmesser
- Schülerduden Rechtschreibung
- Puzzle
- gespitzte Bleistifte
- Schmierpapier
- Zirkel
- Fernseher
- Büroklammern
- Ersatzhefte für Mathematik und Deutsch
- Geodreieck
- Computer
- Fensterputztuch
- Ordner für abgelegte Arbeitsblätter

Vergleiche deinen eigenen Schreibtisch mit der Liste. Unterstreiche blau: Das brauche ich zum Lernen!

Einrichtungsvorschläge

Das Wichtigste an deinem Arbeitsplatz ist, dass du dich daran wohl fühlst und gerne daran arbeitest. Alle Dinge, die du oft brauchst, sollten griffbereit sein, ohne dass zu viele Dinge deine Konzentration stören. Kurzum: Dein Arbeitsplatz sollte gemütlich und übersichtlich sein.

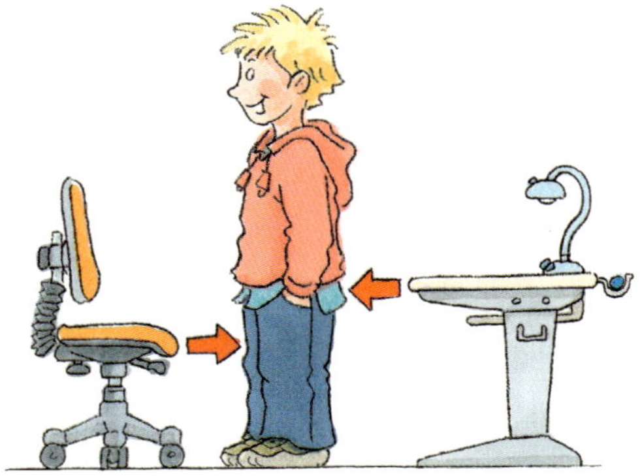

Dein Sitzplatz
Damit du keine Schmerzen im Rücken oder an den Schultern bekommst, solltest du darauf achten, dass du bequem sitzen kannst. Bedenke, du sitzt oft ziemlich lange an diesem Platz! Etwas genauer könnte man dieses „bequem" so beschreiben: Wenn du vor dem Tisch stehst, dann sollte die Tischkante deinen Popo ungefähr in der Mitte berühren. Der Stuhl soll so hoch (oder niedrig) sein, dass die Sitzfläche dein Bein zwei Finger breit über dem Knie berührt.

Wohin mit der Lampe?
Das hängt davon ab, mit welcher Hand du schreibst. Hast du deine Stifte in der rechten Hand, so solltest du deine Lampe links hinstellen, schreibst du mit links, so sollte die Lampe rechts stehen. Probiere es einmal falsch aus und beobachte, wie dich der Schatten deiner Hand stört.

Papierkorb
Den Papierkorb solltest du nahe am Schreibtisch aufstellen. Er darf dich nicht beim Sitzen stören, du solltest jedoch ohne aufzustehen etwas hineinwerfen können.

Arbeitsmittel
Alle Stifte, Lineale, Radiergummis sollten nicht wild über den Schreibtisch verteilt sein, sondern in einem Behälter auf dem Schreibtisch oder in einer Schreibtischschublade untergebracht werden. Lexika, Ordner, Karteikästen und andere Arbeitsbücher, die du nicht direkt zum Arbeiten brauchst, gehören in ein Regal in der Nähe des Schreibtisches.

Pinnwand

Die Pinnwand ist eine sehr praktische Einrichtung. Du solltest sie über deinem Schreibtisch anbringen und alle schönen und alle unbequemen Dinge anhängen, an die du dich erinnern willst, zum Beispiel deinen Stundenplan, Merkzettel, Eintrittskarten, Termine, Bilder, Fotos.

Übrigens: Eine einfache Pinnwand kann man leicht verschönern: Beklebe den Rand mit glänzendem Papier, hänge über den braunen Kork lustiges Geschenkpapier, schneide lustige Formen für die Merkzettel, überlege dir coole Sprüche fürs Lernen, hänge auch Bilder und Fotos auf. Nicht fehlen dürfen deine Erfolgszettel.

Hier kannst du dir einen Arbeitsplatz einrichten. Ergänze die Pinnwand, eine Lampe, ein Regal, vielleicht ein Fenster, so wie es zu deinem Arbeitsplatz passt.

„Schon beim Anblick dieses Arbeitsplatzes solltest du ans Arbeiten denken, nicht erst ans Aufräumen, Johanna!“, grinst Wanja. „Genau! Wie wenn mir bei einem schön gedeckten Esstisch das Wasser im Munde zusammenläuft“, lacht Johanna zurück.

Vergessen gilt nicht!

Hanno Vergesslich geht zusammen mit Johanna in dieselbe Klasse. Er ist kein guter Schüler, dumm ist er aber eigentlich auch nicht. Wenn er sich nur merken könnte, welche Hausaufgaben er erledigen muss! Immer, wenn in seiner Klasse Hausaufgaben kontrolliert werden, dann schauen schon alle Kinder in seine Richtung. Meral grinst ganz gemein und sagt der Lehrerin, dass Hanno seine Hausaufgaben bestimmt wieder nicht gemacht hat, und – meist hat sie damit Recht. Eigentlich will Hanno ja die Aufgaben erledigen. Wer hat schon gerne Ärger mit seinen Eltern oder den Lehrern! Aber irgendwie klappt das nicht. Im Gegenteil: Es wird immer schlimmer, wie in einem Teufelskreis!

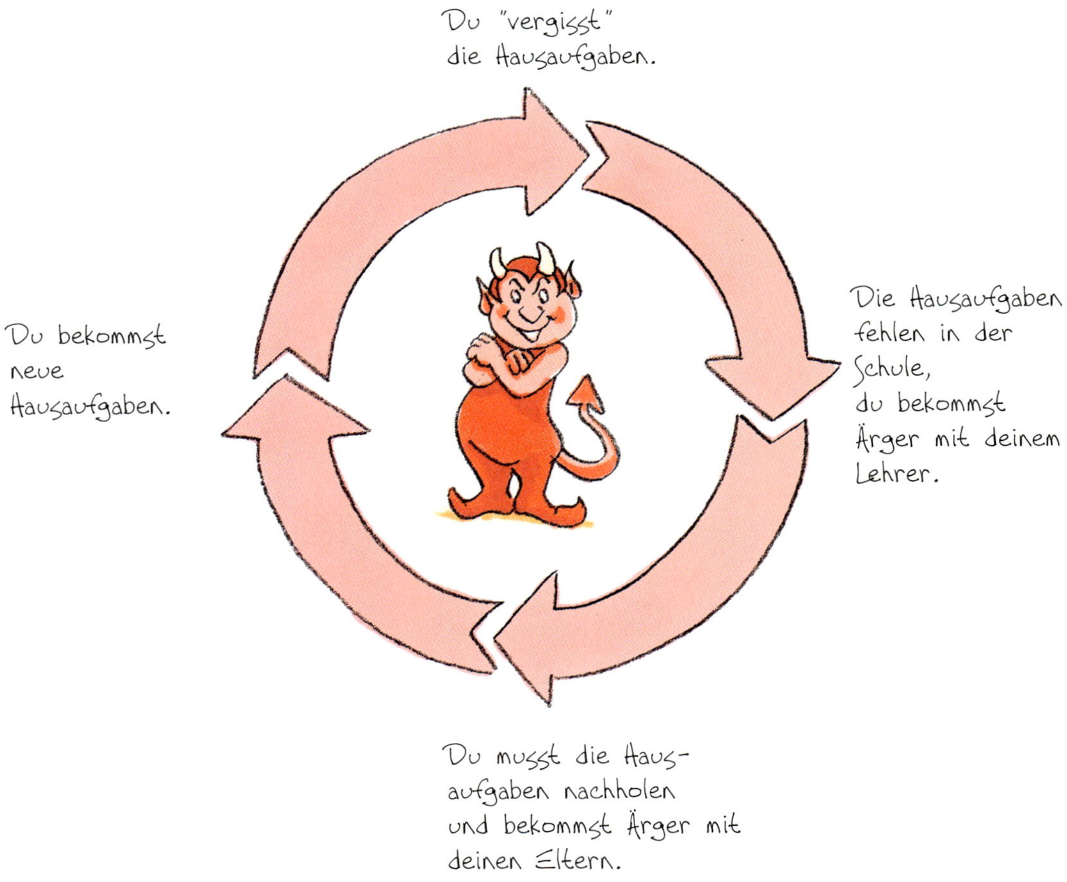

„Ich finde, Hanno ist nicht wirklich vergesslich“, wirft Meral nachdenklich ein. „Er ist eher schlecht organisiert.“
Das hat ihm Frau Lieser damals auch gesagt.
Hanno hat sich dann ein Hausaufgabenheft angeschafft, weil alle gesagt haben, damit bekäme er es bestimmt hin. Aber irgendwie funktionierte es trotzdem nicht.

Hier siehst du einen Ausschnitt aus Hannos Hausaufgabenheft.

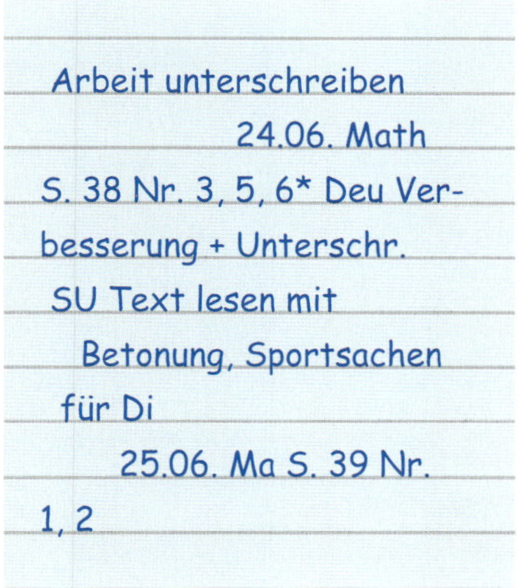
Arbeit unterschreiben
24.06. Math
S. 38 Nr. 3, 5, 6* Deu Ver-
besserung + Unterschr.
SU Text lesen mit
Betonung, Sportsachen
für Di
25.06. Ma S. 39 Nr.
1, 2

Bastle dir ein eigenes Hausaufgabenheft:
Zeichne auf ein Blatt die Tabelle, fotokopiere es mehrfach und hefte es am Rand mit Heftklammern zusammen. Jetzt kannst du deine Hausaufgaben eintragen:

Tag	Fach	Aufgabe	Bis wann?	Erledigt?

Diese Regeln gelten in Johannas Klasse für das Führen von Hausaufgabenheften:
1. Schreibe immer ordentlich.
2. Beginn die Eintragung mit dem Datum als Überschrift.
3. Schreibe auf, in welchem Fach du welche Aufgabe erledigen sollst (mit Seitenzahl und Aufgabennummer).
4. Schreibe jede neue Aufgabe in eine neue Zeile.
5. Sonstige Mitteilungen schreibst du darunter.
6. Wenn du eine Aufgabe erledigt hast, dann hake sie ab.

Welche Regeln hat Hanno nicht eingehalten?
Unterstreiche sie rot.

Wo soll ich nur anfangen?

Genauere Hinweise findest du auch im Kapitel „Konzentration“ ab Seite 22 und „Gedächtnis“ ab Seite 36.

„Jetzt habe ich meinen Schreibtisch wunderbar aufgeräumt, und was bringt mir das? Meine Hausaufgaben sind noch lange nicht gemacht!“, schimpft Johanna leise vor sich hin. „Der Berg ist noch kein bisschen kleiner geworden! Wo soll ich nur anfangen?“

Hier ist ein Ausschnitt aus Johannas Hausaufgabenheft:

Datum	Fach	Aufgabe	Bis wann?	Erledigt?
17. 02.	Deutsch	Satzteile bestimmen: Sprachbuch S. 32	18. 02.	o.k.
17. 02.	Mathematik	Aufgaben zur schriftlichen Division, Buch S. 93, Nr.3, 4	18. 02.	Nachholen!!!
17. 02.	Musik	Geräusche im Bad aufnehmen	20. 02.	
18. 02.	Sachunterricht	Text lesen: Die Römer am Limes	19. 02.	
18. 02.	Religion	Bild malen: Die Auferstehung	20. 02.	
18. 02.	Deutsch	Geschichte schreiben: Der Bär	19. 02.	
18. 02.	Mathematik	Quadratzahlen bis 20 lernen	19. 02.	

Benedikt schlägt Johanna Folgendes vor: „Ich würde zuerst den Text über die Römer lesen. Dann würde ich das Bild malen und die Geschichte schreiben. In der Pause würde ich ein bisschen im Bad planschen und das aufnehmen, damit hätte ich dann auch noch Musik erledigt. Zum Schluss würde ich Mathe machen.“
„Erst zum Schluss Mathe? Dann bist du doch schon total müde. Meinst du, du kannst dir die Quadratzahlen dann noch merken? Ich könnte das nicht.“ Meral überlegt. „Ich glaube, ich würde eine andere Reihenfolge wählen. Zum Schluss würde ich die Quadratzahlen wiederholen. Reli und Musik würde ich auf morgen verschieben, das wäre mir für heute zu viel.“

„Welche Reihenfolge ist nun die richtige?“
Johanna blickt Wanja fragend an. „Ihr fragt immer Sachen.“ Wanja schüttelt den Kopf. „Es gibt keine richtige Reihenfolge von Hausaufgaben. Du musst selbst ausprobieren, was für dich am günstigsten ist. Aber ich kann dir folgende Tricks verraten:

- Beginne deine Hausaufgaben mit einer recht leichten Aufgabe oder einer Konzentrationsübung, um warm zu werden. Auch im Sport machst du dich schließlich zu Beginn warm.
- Bei Aufgaben, bei denen du viele Wiederholungen brauchst, plane mehrfach kurze Zeit ein.
- Wechsle mündliche und schriftliche Aufgaben ab.
- Denke an ausreichende Pausen, die du zur Entspannung nutzt.
- Versuche, an deinem Schreibtisch nicht vor dich hinzuträumen, sondern wirklich zu arbeiten!
- Wenn es zu viele Aufgaben sind, überleg, welche du auf morgen verschieben kannst.
- Kontrolliere am Ende, ob du auch alle Aufgaben erledigt hast, und bereite den Schreibtisch für den nächsten Tag vor.“

Arbeitsplan:

1. ....

2. ....

3. ....

4. ....

5. ....

6. ....

Warum schlägst du diese Reihenfolge vor?

....

....

Erstelle einen Arbeitsplan für Johanna. Sie ist sehr gut in Deutsch, schwierig findet sie hingegen Mathematik.
(Einen Lösungsvorschlag findest du auf S. 96)
In welcher Reihenfolge möchtest du heute deine Hausaufgaben erledigen? Erstelle dir einen Arbeitsplan. Überlege danach: War es eine gute Reihenfolge?

Die beste Zeit für deine Hausaufgaben!

„Es gibt Zeiten, zu denen du viel besser lernen und arbeiten kannst als zu anderen“, erklärt Wanja.
„Ja, das habe ich auch schon gemerkt“, erzählt Meral. „Als ich einmal meine Hausaufgaben abends machen wollte, bin ich fast eingeschlafen. Ich habe bestimmt dreimal so lange gebraucht wie sonst, um den Text zu lesen.“
„Und dann hast du bestimmt nachts davon geträumt, oder?“ Johanna erinnert sich mit Schrecken an den kleinen Zahlenteufel, der sie nach einer abendlichen Mathematikhausaufgabe im Traum besuchte.
„Besonderen Einfluss auf meinen Kopf hat mein Bauch.“ Benedikt grinst. „Vor dem Essen lenkt er meinen Verstand durch sein Knurren ab, nach dem Essen durch sein Gluckern.“

Finde mithilfe der Tabelle selbst heraus, zu welchen Zeiten du gut arbeiten kannst.

Tag	**Arbeitszeit von – bis**	**Fällt mir leicht – mittel – schwer**	**Das hat mir Spaß gemacht**	**Das will ich verbessern**

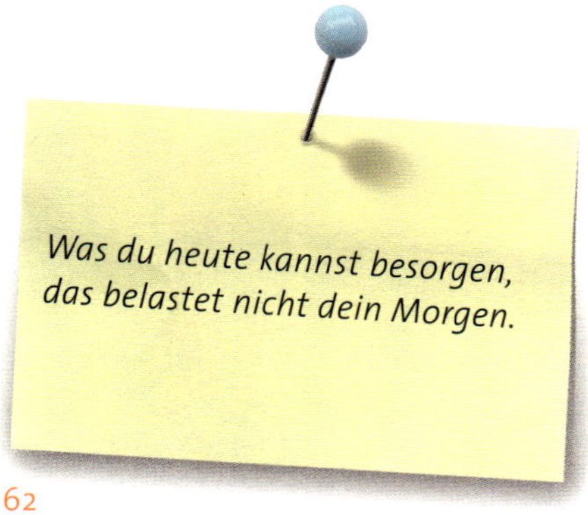

Noch ein Tipp: Dein Körper gewöhnt sich schnell an Dinge, die immer gleich sind. Wenn du herausgefunden hast, zu welchen Zeiten du gut arbeiten kannst, dann solltest du regelmäßig zu diesen Zeiten deine Hausaufgaben machen. Noch leichter ist es, wenn du immer mit derselben Tätigkeit beginnst, zum Beispiel ein Glas Saft trinkst oder eine Konzentrationsübung machst. Dein Körper ist dann ganz auf Arbeit eingestellt.

Hausaufgaben – mit den Eltern?

Manche Kinder möchten ihre Hausaufgaben lieber alleine erledigen, andere freuen sich, wenn die ganze Zeit jemand bei ihnen sitzt. Wieder andere wünschen sich jemanden, den sie bei Bedarf immer fragen können. Bei jedem ist es anders.

Merals Eltern wollen bei den Hausaufgaben immer dabei sein. Ihnen ist ganz wichtig, dass ihre Tochter ihre Hausaufgaben ordentlich erledigt und alles gut versteht. Haben sie einmal keine Zeit, so hilft Meral ihre ältere Schwester.
Johannas Eltern dagegen haben gar keine Zeit. Sie sind beide berufstätig und haben abends im Haushalt viel zu tun. Johanna ist deshalb ganz alleine mit ihren Hausaufgaben. Wenn sie etwas nicht versteht, dann muss sie einen Freund oder eine Freundin fragen oder bis abends warten, bis ihre Eltern endlich Zeit haben.
Bei Benedikt kontrollieren die Eltern fast nie seine Aufgaben, er muss sie immer alleine erledigen.

Oft gibt es Streit wegen der Hausaufgaben. Die Eltern wollen, dass die Kinder etwas anders machen, und die Kinder wollen, dass die Eltern etwas anders machen. Wie ist es richtig?

Dafür gibt es keine Regel. Wie viel Hilfe und wie viel Selbstständigkeit ihr braucht, auf welche Art euch eure Eltern am besten helfen können, das kann sehr unterschiedlich sein. Letztlich könnt ihr das nur mit euren Eltern gemeinsam entscheiden. Am besten ist es, ihr sprecht miteinander darüber.

Um dir den Einstieg in ein Gespräch mit deinen Eltern zu erleichtern, findest du auf den nächsten zwei Seiten Fragebögen. Der erste ist für dich. Wenn du willst, dann lass deine Eltern auf dem anderen Fragebogen ihre Antworten ankreuzen.

Mein Wunschzettel

- o Ich möchte, dass immer jemand bei mir ist, wenn ich Hausaufgaben mache.
- o Wenn ich etwas nicht verstehe, möchte ich jemanden fragen können.
- o Manchmal fallen mir die Hausaufgaben schwer, besonders im Fach ______________________. Da hätte ich gerne, dass mir jemand hilft.
- o Ich möchte selbst bestimmen können, wann ich meine Hausaufgaben erledige.
- o Wo ich meine Hausaufgaben mache, das möchte ich bestimmen.
- o Meine Hausaufgaben möchte ich ganz allein, ohne fremde Hilfe erledigen.
- o Ich wünsche mir, dass sich jemand meine fertigen Aufgaben anschaut.
- o Wenn meine Hausaufgaben gut gelungen sind, freue ich mich über ein Lob.
- o Wenn ich meine Hausaufgaben einmal vergessen habe, möchte ich nicht ausgeschimpft werden.
- o Was ich noch sagen wollte:

____

____

____

____

Antworten meiner Eltern

Vater Mutter

☐ ☐ Ich möchte eigentlich nicht ständig bei deinen Hausaufgaben dabei sein. Ich habe nur die Befürchtung, dass du sie allein nicht schaffst und deshalb in der Schule nicht mitkommst.

☐ ☐ Mir gefällt es sehr gut, wie du deine Hausaufgaben machst.

☐ ☐ Ich habe keine Zeit, ständig bei deinen Hausaufgaben dabei zu sein.

☐ ☐ Wenn du Hausaufgaben machst, dann möchte ich dabei sein, damit ich dir helfen kann.

☐ ☐ Ich finde, dass du deine Hausaufgaben meistens sehr gut machst.

☐ ☐ Wenn du mit den Hausaufgaben fertig bist, dann möchte ich sehen, was du gemacht hast.

☐ ☐ Mich interessiert, was du in der Schule lernst und welche Gedanken du dir dazu machst. Deshalb möchte ich wissen, welche Hausaufgaben du hast und wie du klarkommst.

☐ ☐ Ich befürchte, dass du in der Schule nicht mehr gut aufpasst, wenn ich dir zu viel bei den Hausaufgaben erkläre. Deshalb würde ich dir gerne weniger helfen.

☐ ☐ Ich finde, dass du manchmal deine Hausaufgaben richtig gut machst. Besonders ist mir das aufgefallen, als du

☐ ☐ Manchmal habe ich den Eindruck, dass du deine Hausaufgaben besser machen könntest. Du könntest

☐ ☐ Was ich noch sagen wollte:

Klassenarbeiten

6

Alles auf einmal?

In der ersten Stunde haben Meral, Johanna und Benedikt ihre Mathematikarbeiten zurückbekommen. Johanna hat leider die schlechteste Arbeit geschrieben. Dicke Tränen kullern ihr über das Gesicht. „Ich kann überhaupt nichts! Für die Arbeit habe ich so viel geübt, und das ist dabei herausgekommen." Verbittert packt sie ihr Heft in den Schulranzen.
Meral, die auch ganz traurig über Johannas Note ist, versucht sie zu trösten. „Vielleicht wird die nächste Arbeit besser? Erzähle doch einmal, wie du dich vorbereitet hast."

Wie hat sich Johanna auf die Mathematikarbeit vorbereitet? Unterstreiche die Stellen im Text.

Johanna erzählt: „Als vor einer Woche Frau Lieser die Arbeit angekündigt hat, hatte ich leider gar keine Zeit gehabt, für die Arbeit zu lernen. Das habe ich aber alles in den letzten beiden Tagen vor der Arbeit nachgeholt. Ich habe das ganze Mathematikheft nochmal abgeschrieben, habe mir die Aufgaben, die wir in der Schule gerechnet haben, nochmal im Buch durchgelesen, und ich war sogar bei unserem Matheprofi Fahad, der mir die Sachaufgaben nochmal erklärt hat. Ehrlich gesagt habe ich nicht so besonders viel kapiert. Dafür habe ich zwei Tage vor der Arbeit vier Stunden am Stück gelernt, am Tag direkt vor der Arbeit waren es sogar fünf Stunden, bis abends um 9 Uhr. Nachts habe ich mir dann das Heft unter mein Kopfkissen gelegt, damit ich auch im Schlaf noch ein wenig über die Dinge nachdenken kann."

Johanna ist ratlos. Aber sie gibt nicht so leicht auf und befragt deshalb ihre Mitschüler, was sie in der nächsten Arbeit besser machen könnte. Diese Tipps haben sie ihr gegeben:

- ☐ Du musst früher anfangen zu lernen.
- ☐ Suche dir in einem Medizinbuch eine Krankheit aus und spiele diese am Morgen vor der Klassenarbeit deiner Mutter vor.
- ☐ Deine Schulhefte musst du nicht noch einmal abschreiben. Das bringt nichts!
- ☐ Mache beim nächsten Mal mehr Pausen, wenn du lernst!
- ☐ Wenn du mit einem Freund lernst, dann stelle du die Fragen. Lass dich nicht vollquatschen.
- ☐ Nimm den Vortrag von deinem Matheprofi auf Kassette auf und höre ihn dir so lange an, bis du ihn auswendig kannst.
- ☐ Lerne nicht so lange am Stück.
- ☐ Bestimmt hast du vor lauter Lernen vergessen, etwas zu essen. Du hattest wohl einfach Hunger!
- ☐ Dir kann man gar nicht wirklich helfen, Johanna. Du bist einfach schlecht in Mathematik!
- ☐ Das Heft unter dem Kopfkissen hat bestimmt beim Schlafen gestört. Vielleicht warst du nicht richtig ausgeschlafen?
- ☐ Durchlesen bringt nichts! Du musst die Aufgaben ohne Hilfe selbst rechnen können.
- ☐ Abends lernen macht nur müde.

Kreuze an, was du Johanna für die Vorbereitung zur nächsten Mathematikarbeit empfehlen würdest.

Dein persönlicher Tipp für Johanna:

....

....

....

Klassenarbeiten richtig vorbereiten

„Kinder, ihr habt vielleicht Ideen! Kein Wunder, dass es mit euren Klassenarbeiten manchmal nicht klappt.“ Wanja schüttelt den Kopf und verschwindet in seiner Hundehütte.
„He, du kannst uns doch jetzt nicht alleine lassen! Du hast versprochen, dass du uns hilfst, wenn wir einmal Schwierigkeiten beim Lernen haben.“ Johanna ist wütend.
„Ja, ja, ich komme schon wieder. Allerdings muss ich vorher noch etwas finden.“ Die Kinder hören lautes Getöse aus der Hundehütte. Es klingt, als ob jemand einen Schrank umwirft, dann hören sie ein Schaben. Endlich taucht Wanja wieder auf. Er schleift ein altes, dickes, wertvolles Buch hinter sich her. „Guckt nicht so komisch drein. Helft mir lieber mal!“, ruft er den drei Freunden zu. Benedikt ist am schnellsten bei Wanja und liest den Titel: „Über die Kunst des Lernens und ihre großartigsten Anwendungen.“
„Toll! Da hast du also deine Weisheit her!“, ruft er aus.
Wanja ist ein wenig beleidigt. „Vieles habe ich aus den Klassen gelernt, aber ich muss schon zugeben, einiges ist mir erst durch dieses Buch klar geworden. Lasst uns doch mal nachsehen, was zum Thema Klassenarbeiten darin steht.“
Zu viert knien sie über dem Buch und bemühen sich, die alten Buchstaben zu entziffern.
„Was soll denn das nun wieder heißen?“, fragt Meral ungeduldig. „Die wollen uns wohl veräppeln?“
„Dieses Buch ist sehr alt und nicht für ungeduldige Kinder wie euch geschrieben. Aber ich will es euch erklären“, besänftigt sie Wanja. „Dazu will ich euch natürlich noch einige Tricks verraten, die ich kennen gelernt habe.“

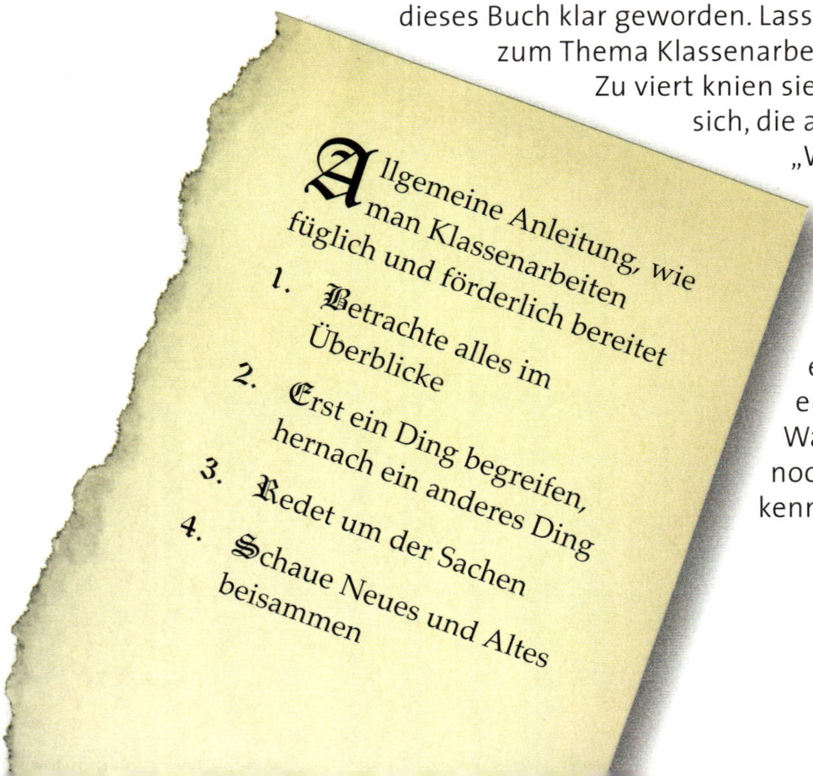

Allgemeine Anleitung, wie man Klassenarbeiten füglich und förderlich bereitet

1. Betrachte alles im Überblicke
2. Erst ein Ding begreifen, hernach ein anderes Ding
3. Redet um der Sachen
4. Schaue Neues und Altes beisammen

1. Verschaffe dir einen Überblick über das Thema der Arbeit

Sieh deine Hefte, Bücher und Arbeitsblätter durch. Was habt ihr im Unterricht zum Thema der Arbeit behandelt, welche Fragen waren wichtig? Du kannst dir dazu auch etwas zeichnen:

Pause deine Hand auf ein Papier und schreibe in die Finger hinein, was auf dich und deine Vorbereitung auf Klassenarbeiten zutrifft.

Deine Lernhand

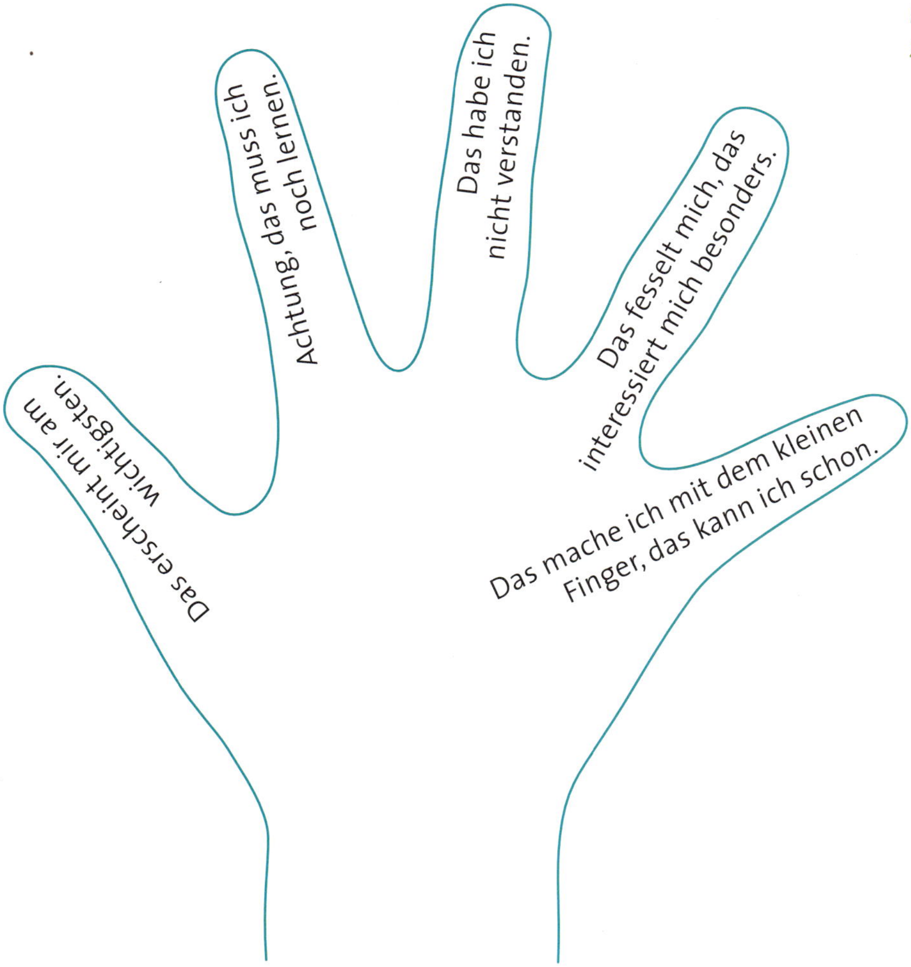

2. Lerne gezielt

Versuche nicht, alles, was du noch nicht kannst, an einem Tag zu lernen. Das ist zu viel. Du kannst es dir sowieso nicht auf einmal merken. Nimm dir jeden Tag eine neue Sache vor, die du noch lernen willst. Hilfreich dazu ist ein Arbeitsplan, den du schon aus dem Kapitel über Hausaufgaben kennst.

Wochentag	**Was will ich lernen?**	**Allein oder zusammen?**	**Wiederholung nötig?**

Pass auf: Lerne nicht zu viel an einem Tag! Und plane unbedingt den Tag unmittelbar vor der Klassenarbeit nur für das Wiederholen ein!

Auf den nächsten Seiten findest du einige Ideen, mit denen du das Lernen interessanter und spannender machen kannst. Je nachdem, welchen Inhalt du lernen willst, passen unterschiedliche Übungen:

- Möchtest du den Überblick über ein Thema gewinnen, dann solltest du dir zum Beispiel ein Lernposter machen.
- Für das nächste Diktat übe gezielt die Rechtschreibung.
- Um Sachaufgaben leichter lösen zu können, mache dir zum Beispiel eine Zeichnung zum Text.
- Manchmal machen auch Lernspiele großen Spaß.

Frage doch auch einmal deine Lehrerin oder deinen Lehrer, vielleicht haben sie noch andere Ideen für dich?

Ein Lernposter basteln

Uff, die Deutschstunde heute war wirklich anstrengend! Frau Lieser hat die ganze Zeit nur von Wortarten geredet und dabei Begriffe verwendet, die den Kindern schwer fallen. Meral erinnert sich an ein altes Sprichwort: „Ein Bild sagt mehr als tausend Worte." Deshalb nimmt sie sich zwei Blätter aus ihrem Zeichenblock, klebt sie zusammen und bastelt sich ein Lernposter.

Auch eine Mind-Map kann dir helfen, einen Überblick über das Thema zu gewinnen.
Wenn du nicht mehr weißt, wie es geht, dann sieh auf Seite 45 nach.

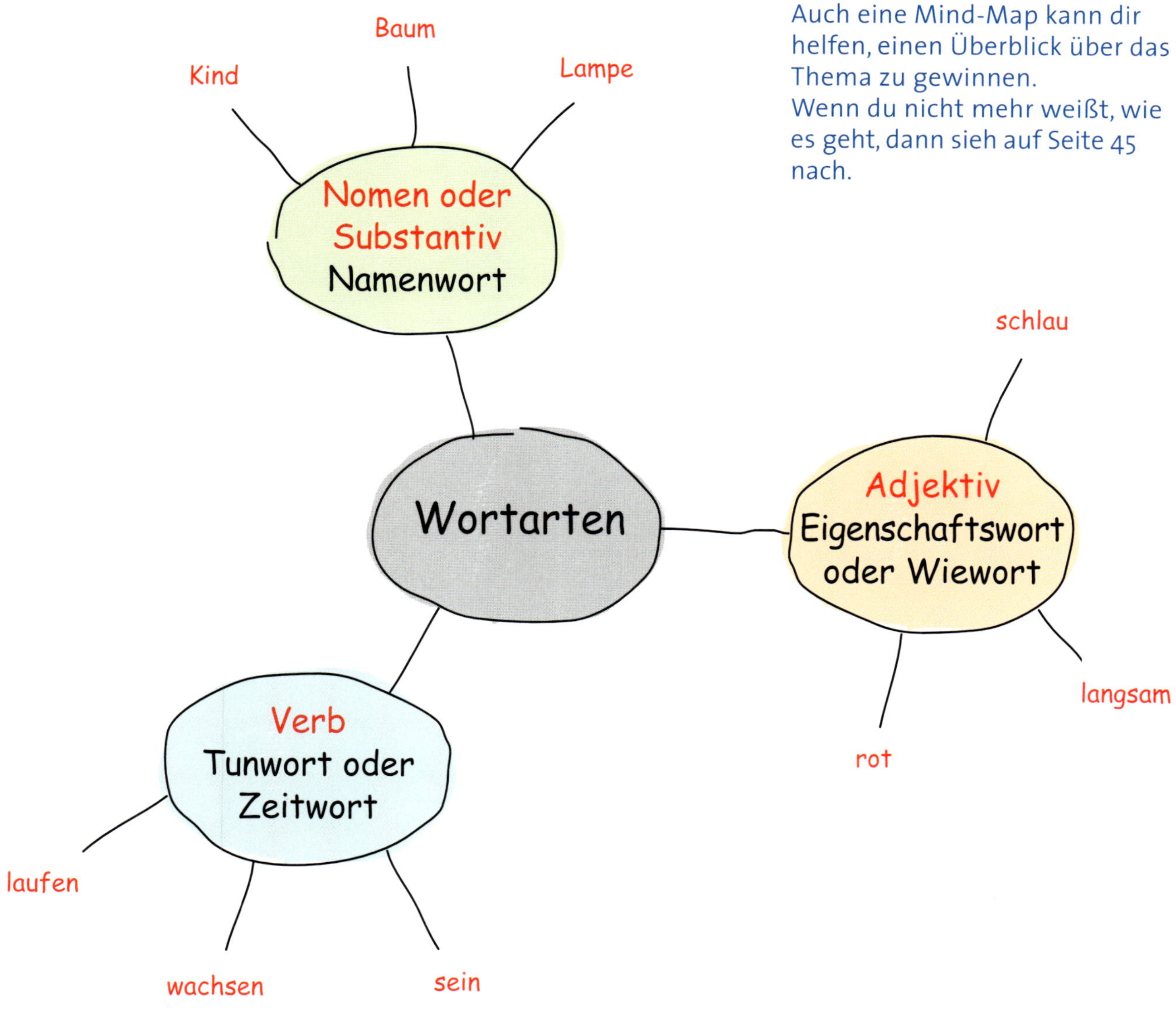

Für Diktate üben

Beim Diktat musst du dir gut merken können, wie ein Wort geschrieben wird. Dazu gibt es verschiedene Tricks:

- Hör genau hin!
- Suche Ableitungen!
- Suche verwandte Wörter!

Bei den meisten Wörtern hilft dir das schon weiter. Ein paar Wörter kannst du dir vielleicht trotzdem nicht merken. Hier sind einige Übungsvorschläge:

- Wörter ‚fotografieren': Lies das Wort, mache die Augen zu und stell es dir geschrieben vor, lies es noch einmal (vergleiche dein inneres und äußeres Bild), schreibe es, vergleiche Buchstabe für Buchstabe.
- Trenne das Wort nach Silben und merke dir die Silben einzeln.
- Unterstreiche die Stellen im Wort, die du immer wieder falsch schreibst.

Zum Üben und Wiederholen kannst du auch mit dem Lernkasten arbeiten, den du im Kapitel „Gedächtnis" ab Seite 36 kennen gelernt hast.

Wenn du ein ganzes Diktat für eine Arbeit vorbereiten sollst, kannst du so üben:

- Lass dir das Diktat von einem Lernpartner diktieren.
- Sprich den Text langsam, sehr langsam auf Kassette. Lass Pausen. Hör den Text abschnittsweise und schreibe ihn mit.
- Wanderdiktat: Leg dir das Diktat in eine Ecke des Raumes, die weit von deinem Schreibtisch entfernt ist. Geh hin und lies dir einen Satz durch, wiederhole ihn mehrfach, während du zu deinem Schreibtisch zurückläufst, und schreibe ihn auf.

Sachaufgaben – kein Problem!

„Mathematik finde ich toll! Wenn nur die Sachaufgaben nicht wären“, stöhnt Benedikt.

„Geht mir genauso!“, pflichtet Johanna bei, „in meiner letzten Arbeit habe ich die Textaufgaben gar nicht verstanden!“

„Gibt es nicht Möglichkeiten, wie ich die Frage und die Rechnung von Textaufgaben leichter finden kann?“ Meral wendet sich an Wanja.

„Klar gibt es die. Besonders erfolgreich sind drei Möglichkeiten:

1. Mache dir die in der Sachaufgabe beschriebene Situation klar, indem du sie nachspielst oder zeichnest.
2. Unterstreiche die Frage grün, wichtige Angaben zur Frage rot.
3. Überlege dir vor der Rechnung, welches Ergebnis ungefähr herauskommen könnte.“

Meral, Benedikt und Johanna haben zu den Sachaufgaben Bilder gezeichnet. Welches Bild passt zu welcher Sachaufgabe? Kannst du die Sachaufgaben auch lösen?

73

1) Endlich Sommerferien! Gestern hat Dennis das Zeugnis vom dritten Schuljahr bekommen. Er wohnt 2 km von seiner Schule entfernt. Wie viele Kilometer hat er in den vergangenen drei Jahren auf seinen Schulwegen zurückgelegt? (Er hat an 182 Tagen eines Jahres die Schule besucht.)

2) Familie Kronenberg fährt mit dem Zug in den Urlaub. Sie fahren morgens um 7:28 Uhr ab Frankfurt Hauptbahnhof los und kommen um 16.43 Uhr in Meran (Italien) an. Wie lange hat die Bahnfahrt gedauert?

3) Leyla fährt das erste Mal alleine mit einer Jugendgruppe für eine Woche weg. Sie hat von ihrer Oma 16 Euro Taschengeld bekommen. Schon am ersten Tag gibt sie die Hälfte ihres Geldes am Kiosk aus, ebenso am zweiten und dritten Tag. Wie viel hat sie am vierten Tag noch übrig?

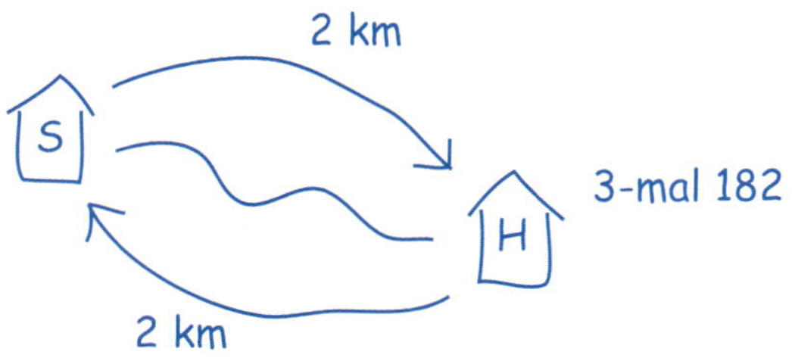

Flaschendeckel wenden
Zunächst musst du dir das notwendige Material besorgen: selbstklebende Papierklebepunkte und einen wasserfesten Filzstift. Schraube bei 12 leeren Sprudelflaschen alle Verschlüsse ab. Beklebe dann jeden Verschluss von oben und innen mit einem Papierklebepunkt. Auf die Oberseite schreibst du eine Aufgabe, zum Beispiel $7 \cdot 8$, und auf die Innenseite die Lösung: 56.
Übe so: Schütte alle Verschlüsse in einen Stoffbeutel. Hole dann einen nach dem anderen heraus und rechne. Sind die Aufgaben richtig, dann leg die Verschlüsse vor dich hin, wenn nicht, wirf sie wieder in den Beutel zurück.

Lern-Memory®
Lass dir beim nächsten Besuch in einer Gastwirtschaft einige Bierdeckel schenken oder schneide dir aus Pappe einige Quadrate aus. Beschrifte immer zwei zusammengehörige Karten, zum Beispiel

- eine mit dem Namen eines Landes, die andere mit dem Namen seiner Hauptstadt,
- eine mit einer Rechenaufgabe, die andere mit ihrem Ergebnis,
- eine mit einem Wort, die andere mit seiner Umschreibung,
- eine mit dem Namen, die andere mit der Telefonnummer einer Freundin,
- für Grammatik: eine mit dem lateinischen Wort, die andere mit dem deutschen Wort (zum Beispiel Substantiv – Namenwort)
- oder eine mit dem Verb in Gegenwarts-, die andere mit dem Verb in Vergangenheitsform.

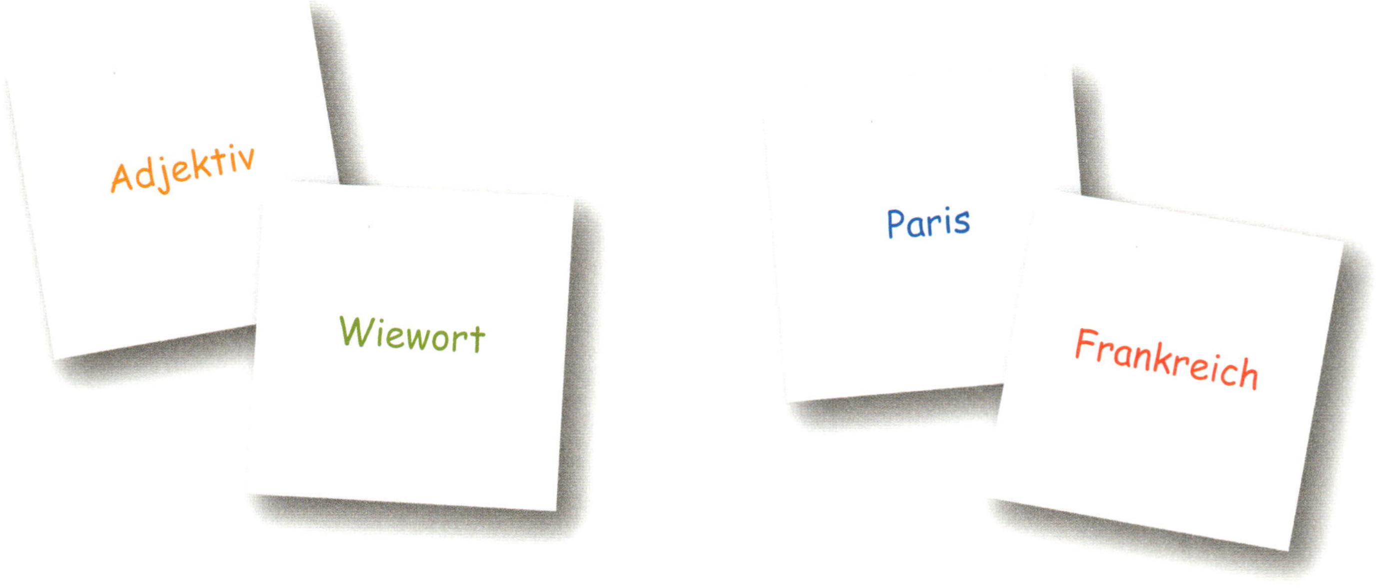

3. Lernen im Team

Wenn du alleine an deinem Schreibtisch sitzt und für eine Arbeit lernst, fallen dir sicherlich viele Fragen ein, die du nicht alleine beantworten kannst. Es ist toll, wenn du dann eine Freundin oder einen Freund fragen kannst. Übrigens macht es auch großen Spaß, mit einer Freundin oder einem Freund Lehrer zu spielen und euch gegenseitig wie im Unterricht alles Mögliche abzufragen. Besonders großen Spaß macht Johanna und Meral das …

Millionenspiel
Stelle deiner Freundin eine möglichst pfiffige Frage aus dem Themengebiet, das in der Klassenarbeit dran kommen soll, und biete ihr vier mögliche Antworten dazu. Sie soll dann herausfinden, welches die richtige Antwort ist. Dann stellt sie dir eine Frage und du musst der richtigen Antwort auf die Spur kommen. Wer gewinnt die Million? Als Joker können zum Beispiel gelten: dein Schulbuch, ein Lexikon oder dein Schulheft? Was fällt dir sonst noch ein?

Frage:

....

....

....

1 **Antwort 1:**

....

....

2 **Antwort 2:**

....

....

3 **Antwort 3:**

....

....

4 **Antwort 4:**

....

....

Meral und Johanna üben oft so für ihre Klassenarbeiten. Wie lauten die richtigen Antworten?

Wer war Wolfgang Amadeus Mozart?

1. Ein König
2. Ein Gespenst
3. Ein Komponist
4. Ein Ritter

Wie heißt eine Aufgabe mit „+“?

1. Multiplikation
2. Adderation
3. Subtraktion
4. Addition

Welche Wortart ist „König“?

1. Nomen
2. Adjektiv
3. Artikel
4. Verb

Sammle deine Spickzettel im Klammerkrokodil. Das ist eine bunt angemalte und beklebte Wäscheklammer, die du schon auf Seite 23 kennen gelernt hast.

4. Am Tag zuvor: Wiederholen

Den letzten Tag vor der Klassenarbeit solltest du nur noch für Wiederholungen nutzen. Das, was du weißt, musst du jetzt nur noch sicher und abrufbereit in deinen Kopf packen. Ein guter Lerntipp: Schreibe dir einen …

Spickzettel

Ja, du liest richtig! Mache dir vor der Arbeit einen Spickzettel! Ich sage nicht: Benutze den Spickzettel in der Arbeit, sondern mache dir einen. Ein guter Trick, wenn du zum Beispiel eine Arbeit im Sachunterricht schreibst: Schreibe dir das Wichtigste zu einem Thema aus deinem Heft oder Ordner heraus, es muss aber auf eine Seite passen. Falls du etwas davon nicht verstanden hast, frage eine Freundin oder schlage in einem Wörterbuch oder Lexikon nach. Dann schreibe auf einen zweiten Zettel, der nur halb so groß sein darf, das, was du dir nicht gut merken kannst. Mithilfe dieses Zettels erzähle dann dein Wissen dem Kanarienvogel oder einem anderen geduldigen Zuhörer. Du ahnst es schon: Auf einen noch kleineren Zettel schreibe das, was du dir immer noch nicht merken kannst. Aber: Benutze nur noch wenige Wörter oder Buchstaben, ansonsten verwende Bilder.

Kannst du Benedikts Spickzettel entziffern? (Tipp: Es geht um unser Sonnensystem.)

Nur keine Angst!

Es ist schön, etwas gelernt zu haben, oder? Erinnerst du dich noch an deine Lernerfolge vor und in der Schule?
Es macht auch Spaß, seine Lernerfolge anderen zu zeigen, zum Beispiel an Omas Geburtstag vor allen Gästen ein Gedicht aufzusagen oder bei einem Theaterstück mitzuspielen. Vielleicht nimmst du auch gerne an Sportwettkämpfen teil? Sicher warst du stolz, als du die Fahrradprüfung bestanden hast!

In all diesen Prüfungssituationen hat dein Herz bestimmt schneller geschlagen als normal, deine Hände waren ein bisschen feucht und dein Kopf vielleicht auch etwas rot. Das sind typische Zeichen von Aufregung.
Ein bisschen Aufregung ist gar nicht so schlecht, weil dein Herz dann deutlich mehr Blut in dein Gehirn pumpt, damit es besser arbeiten kann. Deshalb kannst du mit ein wenig Angst sogar bessere Ergebnisse erzielen als ohne. Schlimm ist nur, wenn du so sehr Angst hast, dass du dich nicht mehr richtig konzentrieren kannst.

Das Angstthermometer gibt an, ob du dich fürchtest. Wenn es auf 10 steht, dann hast du ganz schrecklich große Angst, steht es auf 0, hast du gar keine Angst.

Was zeigt dein Angstthermometer

1. bei einer Klassenarbeit in deinem Lieblingsfach:

....?

2. bei einer Klassenarbeit in deinem schlimmsten Fach:

....?

3. bei deinem Lieblingslehrer:

....?

4. bei einer Vorführung in deiner Freizeit:

....?

Schaue doch nochmal auf Seite 13 nach.

Zeichne in die Thermometer ein, wie viel Angst du hast.

1

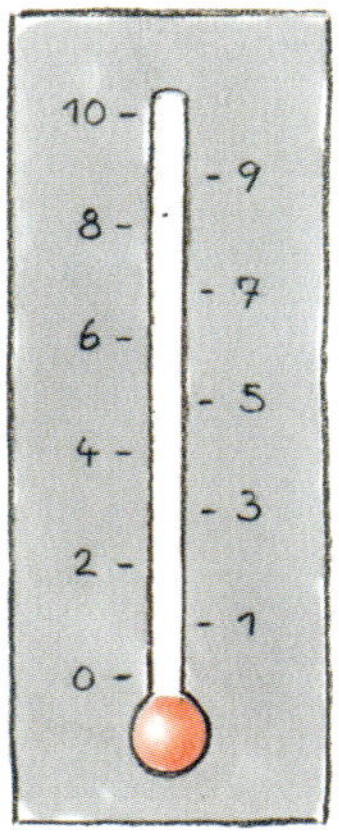

2

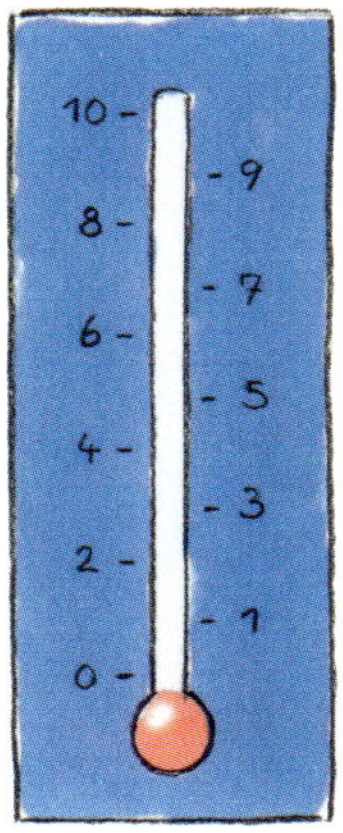

4

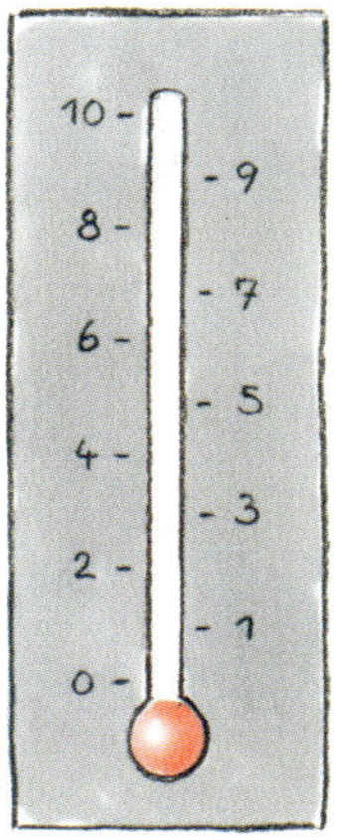

3

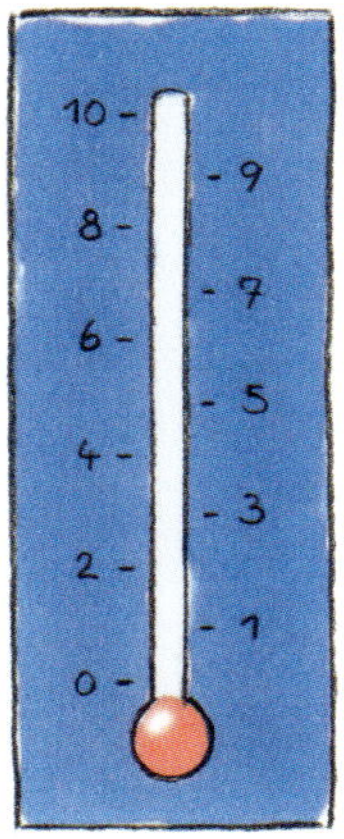

Wie aus einem großen Gespenst ein kleiner Glücksbringer wurde

Meral ist prima in Mathematik, mit der Rechtschreibung hat sie allerdings Schwierigkeiten. Jedes Mal, wenn Frau Lieser ein Diktat ankündigt, wird ihr ganz flau im Magen. Sie weiß genau: Jetzt wartet wieder überall das große Gespenst. Und wirklich: Wenn sie mittags am Schreibtisch sitzt und die Lernwörter übt, dann schleicht es sich von hinten an sie heran und flüstert ihr mit eiskalter Stimme ins Ohr: „Du lernst das doch sowieso nie!“ Manchmal sagt ihr das Gespenst die Wörter auch falsch vor.
Ganz besonders schlimm ist es am Abend vor dem Diktat.
Da kommt es in ihr Zimmer, hängt sich über ihr Bett und erzählt ihr, dass sie erst im letzten Diktat eine Fünf geschrieben hat, dass sie auch diesmal wieder nichts im Kopf behalten hat und bestimmt eine Sechs schreiben wird. Meral schläft schlecht und kann am nächsten Morgen kaum etwas frühstücken. Auf dem Weg zur Schule lauert das Gespenst dann hinter jeder Ecke: „Wie schreibt man Hahn? Du weißt es nicht? Hihi!“
Ganz verunsichert kommt Meral in der Schule an und kann sich an nichts mehr erinnern, was sie an den Tagen zuvor so mühsam am Schreibtisch gelernt hat. „Was wird bloß Mama sagen?“

Unglücklich schleicht sie sich in der Pause allein zu Wanja und berichtet ihm ihre Erlebnisse mit dem Gespenst. „Aber du darfst mich nicht auslachen!“
Wanja nimmt verständnisvoll ihre Hand. „So ein Gespenst hat mich auch einmal verfolgt, als ich zur Schule gegangen bin. Es war ganz schlimm. Bis ich den Mut hatte, ihm einen Namen zu geben.
Ich nannte es Erik und freundete mich mit ihm an. Du wirst es nicht glauben, aber von da an sagte Erik nur noch nette Dinge zu mir. Tage vor der Arbeit erzählte er mir, was ich alles schon kann, er erinnerte mich an meine guten Arbeiten und flüsterte mir kurz vor der Arbeit noch zu: ‚Du schaffst es!‘ Es tut gut, so einen Freund zu haben. Als er eines Tages nicht mehr kam, bastelte ich mir eine kleine Puppe von ihm – als Glücksbringer!“ Wanja zückt eine alte, schon etwas zerrissene Figur aus der Tasche. „Wenn ich während der Arbeit dann gar nichts mehr wusste, brauchte ich nur meinen Glücksbringer anzusehen und mir fiel es wieder ein.“

Vielleicht hast du ja Lust, dir so eine Puppe zu basteln?
Das geht so:

1. Knülle ein Stück Papier oder Stoffreste zusammen oder besser: Kaufe dir eine Styroporkugel in einem Bastelgeschäft. Das ist der Kopf. Suche in der Nähkiste deiner Mutter ein schönes Stück Stoff. Das gibt das Gewand.

2. Wirf das Stück Stoff über den Kopf und binde es am Hals mit einem Stückchen Wolle, einem schmalen Streifen Stoff oder einem Schnürsenkel zusammen.

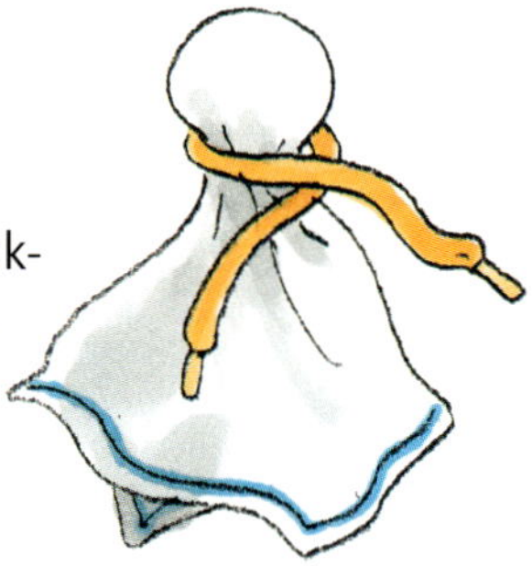

3. Male dem Gespenst Augen, Nase und Mund. Schreibe auf sein Gewand Dinge, die dir bei Klassenarbeiten Mut machen, zum Beispiel:

- „Du schaffst es!“
- „Du hast gut gelernt!“
- „Niemand lenkt dich ab!“
- „Ich drücke den Daumen!“

Denke dir doch auch einen Namen für dein Gespenst aus. Setze es bei der nächsten Klassenarbeit als Glücksbringer auf deinen Tisch. Es wird aufpassen, dass du keine Angst vor der Arbeit zu haben brauchst.

Am Tag der Klassenarbeit: die Nerven behalten

Das beste Mittel gegen Prüfungsangst ist eine gute Prüfungsvorbereitung!

Auch Meral, Benedikt und Johanna wissen, dass sie keine Angst vor der Klassenarbeit haben müssen – schließlich haben sie sich gründlich vorbereitet. Und trotzdem sind sie am Tag der Klassenarbeit immer aufgeregt. Das ist aber ganz normal, jedem geht das so. Ein bisschen Aufregung steigert sogar die Aufmerksamkeit, nur zu viel Aufregung ist schädlich.

„Also mir krabbelt eine ganze Ameisenkolonne durch den Bauch, wenn ich an die Deutscharbeit auch nur denke!", sagt Meral. „Meine Beine, die ich beim Fußball so gut trainiert habe, fühlen sich vor einer Klassenarbeit immer an wie Pudding", macht sich Benedikt über sich selbst lustig. Wie auf Gummibeinen eiert er über den Schulhof, und Meral und Johanna fangen an zu lachen.

Also: Ein bisschen Aufregung ist gar nicht schlimm! Du musst nur deine Arbeit so einrichten und organisieren, dass du auch noch an deine Aufgaben denken kannst. Erinnerst du dich noch: „Sich konzentrieren" heißt, seine Gedanken um einen Punkt kreisen zu lassen. Kurz vor der Klassenarbeit ist es besonders wichtig, dass dich keine anderen Dinge ablenken.

Darauf kannst du vor Beginn der Arbeit achten:

- Lass dich von anderen nicht verunsichern! Am besten, du hörst gar nicht hin, wenn deine Mitschüler kurz vor der Arbeit durcheinander reden!
- Sieh zu, dass du kurz vor der Arbeit eine Kleinigkeit isst! Wie wärs mit Obst?
- Hast du deinen Tisch aufgeräumt?

- Ist dein Werkzeug in Ordnung? (Hast du ein Lineal? Sind deine Bleistifte gespitzt? Hast du dir eine Ersatzpatrone für den Füller bereitgelegt? Wo ist dein Tintenkiller?)
- Hast du deinen Glücksbringer auf dem Tisch?
- Vor der Arbeit gilt: Tief durchatmen!
- Denk an alles, was du zum Thema gelernt hast.
- Versichere dir selbst: Du schaffst es!

Wenn du die Arbeit in Händen hältst:
- Schreibe die Überschrift „Arbeit Nr. ...“ auf die Heftseite.
- Lies zuerst die ganze Arbeit in aller Ruhe durch.
- Beginn mit einer leichten Aufgabe.
- Erst nachdenken, dann loslegen!
- Lass dich nicht von anderen verunsichern.
- Sieh deinen Glücksbringer immer wieder an, er wird dich stärken.
- Hake jede Aufgabe ab, die du erledigt hast.
- Wenn du bei einer Aufgabe nicht weiterkommst, dann überspringe sie und geh zur nächsten.
- Springe nicht von einer halb gelösten Aufgabe zur nächsten.
- Wenn du dich nicht mehr gut konzentrieren kannst – mache eine kurze Pause, massiere die Schläfen, strecke dich, schließe die Augen und denke an etwas Schönes.

Geschafft? Bevor du die Arbeit abgibst, solltest du noch einige Dinge überprüfen:
- Denke in aller Ruhe noch einmal über die Aufgaben nach, mit denen du Schwierigkeiten hattest.
- Kontrolliere, ob du auch wirklich alle Aufgaben gemacht hast.
- Sieh dir die Lösungen der Aufgaben an. Schätze ab: Können die Ergebnisse stimmen?
- Sind dir vielleicht Flüchtigkeitsfehler (Rechenfehler, Rechtschreibfehler) unterlaufen?
- Stehen Name und Datum auf der Arbeit?
- Leg das Arbeitsblatt in dein Arbeitsheft.

Passiert es dir manchmal, dass du während der Klassenarbeit nicht weiter weißt?
Dann mache Folgendes:
- *Unterbrich deine Arbeit für zwei Minuten.*
- *Leg deinen Stift hin und schiebe dein Heft ein paar Zentimeter von dir weg.*
- *Setze dich aufrecht hin.*
- *Schließe die Augen, atme einige Male ruhig und langsam ein und aus.*
- *Rufe dir ins Gedächtnis, was du gelernt hast. Sage dir selbst: „Ich kann es. Ich schaffe es.“*
- *Jetzt, nach zwei Minuten, machst du die Augen wieder auf.*
- *Überlege dir, wie du am besten weitermachst.*

Nach der Arbeit ist vor der Arbeit

Hast du eine gute Note geschrieben? Prima! Herzlichen Glückwunsch!

Bist du mit dem Ergebnis nicht zufrieden oder gar enttäuscht? Schade! Gib nicht auf! Vielleicht dauert es etwas, bis du deine Leistungen verbesserst. Es ist noch kein Meister vom Himmel gefallen.

Was kannst du tun?

Sieh dir die Arbeit in jedem Fall sehr genau an. Besser: Sieh dir die Arbeit zusammen mit einer Freundin oder einem Freund genau an, vielleicht auch mit deinen Eltern, ganz wie du willst. Beantworte folgende Fragen:

1. Was hast du richtig gemacht? Was ist dir besonders gut gelungen? Schließlich habt ihr eine Arbeit über ein neues Themengebiet geschrieben. Was hast du darüber gelernt, was du vorher nicht wusstest?

....

....

....

....

2. Welche Fehler hast du gemacht? Meist sieht die rote Farbe in der Arbeit schlimmer aus, als sie eigentlich ist. Jeder hat nämlich „typische“ Fehler, solche, die er immer wieder macht. Du solltest versuchen, sie aufzuspüren, damit sie immer weniger vorkommen. Dazu kannst du eine Tabelle benutzen, in der du links die häufigsten Fehler einträgst und rechts mit einer Strichliste zählst, wie oft dir der Fehler während einer Arbeit passiert. Du bekommst damit für die nächste Arbeit gute Hinweise, was du noch üben solltest.

Diese Tabelle hat sich Johanna nach der letzten Mathematikarbeit gemacht:

Fehlerart	**Arbeit 1**	**Arbeit 2**	**Arbeit 3**	**Arbeit 4**	**Arbeit 5**	**Arbeit 6**
Rechenfehler	1					
Frage/Antwort bei Sachaufgaben	4					
Ansatz/Rechnung bei Sachaufgaben	4					
Schusselfehler	3					
Schrift unleserlich	1					

3. Wie hast du dich auf die Klassenarbeit vorbereitet? Hast du genügend lernen können oder hast du zu viel an einem Tag gelernt? Welche Lernmethoden hast du angewendet (Lernkartei, Lernposter, Spickzettel ...)? Was willst du beim nächsten Mal besser machen?

4. Wie ist es dir während der Klassenarbeit ergangen? Konntest du dich gut konzentrieren? Haben dich andere Kinder gestört?

5. Was nimmst du dir für die nächste Klassenarbeit vor?

Übrigens: Tests, Klassenarbeiten und Zensuren sind nicht der ganze Lebenszweck.

7

Gemeinsam lernen und arbeiten

Wie lernt man gemeinsam?

Meral und Benedikt treffen sich am Nachmittag, um ihre Hausaufgaben gemeinsam zu erledigen.

Meral: „Lass uns endlich anfangen, du lahme Ente."
Benedikt: „Ganz meine Meinung. Ich finde nur gerade mein Mäppchen nicht. Kannst du mir einen Stift leihen?"
Meral: „Mensch, sei nicht so umständlich! So werden wir ja nie fertig."
Benedikt: „Ich beeile mich ja schon."
Meral: „Wir sollen möglichst viel über das Eichhörnchen herausfinden. Weißt du überhaupt, was ein Eichhörnchen ist?"
Benedikt: „Na hör mal, natürlich weiß ich das! Du glaubst wohl, alle Menschen außer dir sind blöd?"
Meral: „Nicht alle, aber vielleicht du? Wollen wir jetzt endlich mit den Aufgaben anfangen oder ist schon wieder was?"
Benedikt: „Ich fühl mich mies, wenn du über mich lästerst, weil du in der Schule besser bist. Ich dachte, du hättest Lust, die Aufgabe mit mir zusammen zu machen?"
Meral: „Woher hätte ich wissen sollen, dass du dich so komisch anstellst?"
Benedikt: „Hör auf, so gemein zu mir zu sein!"
Meral: „Ich gehe! Wenn ich die Aufgabe alleine mache, geht es eh viel schneller. Glaub bloß nicht, dass du dann bei mir abschreiben kannst! Blöder Ochse!"
Benedikt: „Blöde Ziege!"

Wie fühlt sich Benedikt in diesem Streit?

....

....

....

Warum reagiert Meral so?

....

....

....

Achtsam miteinander umgehen

Am nächsten Morgen treffen sich Meral und Benedikt vor Wanjas Hundehütte. Meral ist den Tränen nahe: „Niemand will mit mir lernen! Keiner mag mich! Früher war das ganz anders, da haben wir uns alle gut verstanden und uns gegenseitig geholfen. Aber jetzt?"
„Ich finde, du hast dich sehr verändert. Früher konnte man mit dir viele Späße machen und heute bist du immer nur ganz ernst. Immer motzt du herum und zeigst jedem, dass du die Beste in der Klasse bist. Es macht wirklich keinen Spaß mehr, mit dir gemeinsam zu arbeiten." Benedikt ist immer noch sauer, wenn er an die gestrige Eichhörnchen-Hausaufgabe denkt.
„Was ist denn mit euch los!" Wanja kriecht aus seiner Behausung. „Mögt ihr euch nicht mehr?"
„Schon, aber wir streiten uns so oft, wenn wir zusammenarbeiten", mischt sich Johanna ein, die gerade dazugekommen ist.
„Kinder streiten sich immer mal", brummt Wanja. „Was glaubt ihr, was ich schon alles auf dem Schulhof mitbekommen habe! Aber Streiten an sich ist nicht schlimm, im Gegenteil, auch Streiten will gelernt sein."
„Aber wenn ich Recht habe, dann habe ich Recht!" Meral ist schon wieder wütend.
„Recht haben und Recht behalten, das ist zweierlei. Wenn andere einsehen sollen, dass du Recht hast, dann kommt es auch auf die Form an, in der du mit ihnen umgehst. Wenn du unhöflich, patzig oder beleidigend mit anderen umgehst, brauchst du dich nicht zu wundern, wenn andere auch zu dir so sind! Niemand lässt sich schließlich gerne beschimpfen!"

So eine ähnliche Situation hast du bestimmt auch schon erlebt. Und du weißt: Der Ton macht die Musik. Sprichst du mit anderen wie ein knurriger, schlecht gelaunter **Brummbär** oder wie ein einfühlsamer **Fuchs?**

Menschen sagen mit **Brummbärsprache** Dinge, die andere verletzen. Sie sind unhöflich, kritisieren ohne Rücksicht auf die Gefühle des anderen und haben ein schlechtes Benehmen. Auf diese Weise kommt es oft zu einem Streit.
Menschen, die in der **Fuchssprache** miteinander reden, sind um einen achtsamen, respektvollen Umgang miteinander bemüht. Sie versuchen, andere zu verstehen, und bleiben immer höflich.

Male einen Bären hinter das Gespräch, in dem die Kinder miteinander in Brummbärsprache reden. Und hinter die Sätze, in denen Mehmet und Maximilian in Fuchssprache reden, malst du einen Fuchs!

Wanja berichtet, was er auf dem Schulhof schon beobachtet hat:

Nach der Pause stellen sich alle Kinder in Zweierreihen auf, um mit ihren Lehrern geordnet in die Klassenräume zu gehen. Mehmet schreit Maximilian an: „Stell dich hinten an! Ich bin Erster!"

An diesem Tag geht der Streit so weiter:
Maximilian: „Das kann doch gar nicht sein! Immer hast du eine große Klappe und meinst, jeder müsste machen, was du sagst. Du bist blöd."
Mehmet: „Du drängelst dich immer vor! Geh endlich weg, das ist mein Platz! Entweder du gehst freiwillig, oder ich muss dich hauen."
Zuerst schubsen sich die beiden nur, doch dann gehen sie mit Fäusten aufeinander los. Doch zum Glück hat die Lehrerin die beiden Streithähne entdeckt und geht dazwischen, bevor sich Maximilian und Mehmet gegenseitig die Nasen blutig schlagen können.

Am zweiten Tag geht der Streit so weiter:
Maximilian: „Bist du sicher? Ich fühle mich ziemlich blöd, wenn du dich vordrängelst, obwohl ich zuerst hier war."
Mehmet: „Ich war heute aber ganz sicher zuerst hier. Ich schlage vor, dass du dich deshalb heute mal hinten anstellst!"
Maximilian: „Aber morgen bin ich wieder Erster, ja?"
Mehmet nickt. „Gut. Ich halte dir dann den Platz frei."

Hast du Lust bekommen, dich auch einmal mit einer Freundin oder einem Freund zu streiten? Dann spiele den Streit einmal in Fuchs- und einmal in Brummbärsprache. Typische Situationen könnten sein:
Rebecca sagt zu Aida: „Heute möchte ich auf dem Pausenhof alleine mit Christina spielen. Du spielst nicht mit!"
Jan brüllt Daniel an: „Du hast mit Wasserfarbe auf mein Bild gespritzt. Wie sieht das denn jetzt aus!"
Aida schreit: „Benedikt hat mir absichtlich ein Bein gestellt!"

„Was mache ich denn, wenn ich mit jemandem zusammenarbeiten soll, der nur in Brummbärsprache spricht?“ Benedikt ist ratlos. „Mit so jemandem arbeite ich einfach nicht!“, sagt Johanna trotzig. „Es könnte ja sein, dass wir eine Gruppenarbeit machen müssen, zu der uns Frau Lieser einteilt. Dann kann es passieren, dass wir mit Kindern zusammenarbeiten müssen, obwohl wir es eigentlich gar nicht wollen.“ Merals Worte überzeugen die anderen. „Und was machen wir dann?“

Beobachte doch einmal deine eigenen Klassenkameraden: Wer redet in der Brummbär- und wer in der Fuchssprache?

Mit Brummbärsprache wird aus einer kleinen Meinungsverschiedenheit leicht ein handfester Streit. Eine Zusammenarbeit mit jemandem, der nur in Brummbärsprache spricht, ist ziemlich schwierig. Wie kannst du eine Auseinandersetzung verhindern?

- Sag, was dich verletzt!
- Sag, was dich stört!
- Tu so, als hättest du gemeine Sachen nicht gehört!
- Versuche, nur über das Arbeitsthema zu sprechen!

Wie würdest du reagieren, wenn jemand so etwas zu dir sagt?

- „Entweder du gibst mir den Ball oder du darfst nie mehr mitspielen.“

- „Die Katja hat mir gestern erzählt, dass sie dich ganz schön blöd findet.“

- „Das verstehst du nicht? Kein Wunder, du bist ja auch doof.“

Du könntest sagen:
- *Mich stört, wenn du ...*
- *Ich bitte dich, ...*
- *Lass uns doch jetzt nicht darüber reden ...*
- *Ich fühle mich blöd, wenn du ...*
- *Es tut mir weh, wenn du ...*

Arbeiten im Team

„Eigentlich sind wir ein gutes Team!“, sagt Benedikt.
„Wenn wir uns in letzter Zeit nicht so oft streiten würden …“, antwortet Meral. „Eigentlich macht es großen Spaß, zusammen etwas zu lernen. Wenn ich etwas in der Schule nicht verstanden habe, dann hilft es mir, wenn du es mir erklärst.“
„Allein hätte ich niemals so viele Ideen für meine Geschichte von der ‚Lustigen Gurke‘ bekommen“, erinnert sich Benedikt. „Und eure Tipps in der Schreibkonferenz waren sehr hilfreich.“
„Am besten finde ich immer unser Lehrerspiel, bei dem einer Fragen stellen darf und die anderen antworten müssen.“

Lernprofis wissen, dass Lernen in Teams viele Vorteile hat. Allerdings müssen bestimmte Regeln und Verabredungen eingehalten werden:

Auch wenn du mit anderen zusammen arbeitest, musst du darauf achten, dass ihr günstige Bedingungen für euer Arbeiten habt. Sieh nach in den Kapiteln „Konzentration“ ab Seite 22 und „Hausaufgaben“ ab Seite 52.

- Arbeite mit anderen zusammen, denke und überleg mit anderen gemeinsam.
- Bleibt während eurer Arbeit an einem Thema und lasst euch nicht durch andere Dinge ablenken.
- Achtet auf günstige Arbeitsbedingungen wie einen schönen Arbeitsplatz und genügend Licht.
- Steht zu euren Fehlern und lasst euch helfen. Niemand ist perfekt!
- Mache über Fehler deiner Freunde keine bösen Witze. Das hilft niemandem. Helft euch gegenseitig, ihr seid schließlich ein Team.
- Rede achtsam – in Fuchssprache – mit anderen.
- Schreibe Ergebnisse nicht ab, dabei lernst du nichts.
- Achte auch bei der gemeinsamen Arbeit darauf, dass ihr ausreichend Pausen einlegt.

Viele Aufgaben fallen dir leichter, wenn du von Zeit zu Zeit zusammen mit einer Freundin oder einem Freund lernst. Manche Aufgaben machst du besser alleine. Oft stört ein Partner, wenn du scharf überlegen musst. Dagegen hilft er sehr, wenn du dich über das Thema unterhalten willst.

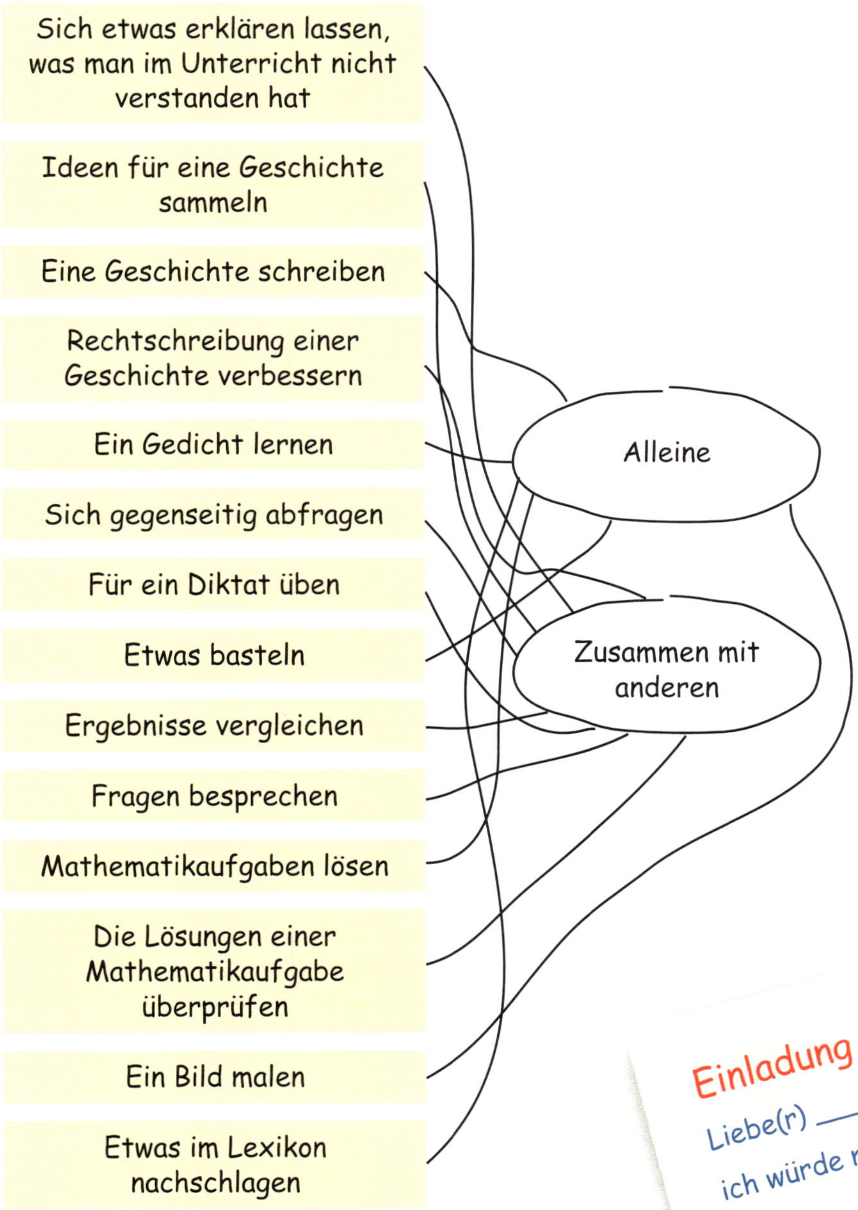

Meral hat mit Linien verbunden, wie sie gerne arbeitet. Unterstreiche rot, welche Aufgaben sie gerne allein macht, und grün, was sie gerne mit anderen Kindern zusammen erledigt. Die Lösung findest du auf Seite 96.

Schreibe eine Liste:
- *Was machst du gerne alleine, was mit anderen Kindern zusammen?*
- *Welche Aufgaben der nächsten Woche möchtest du mit einer Freundin zusammen lösen?*

Wenn du willst, kannst du eine Lerneinladung schreiben, zum Beispiel so:

Einladung

Liebe(r) ________,
ich würde mich sehr freuen, wenn du mit mir zusammen ________ für die Schule lernen möchtest.
Hast du Zeit am ________?
Dein(e) ________

Mitarbeit im Unterricht

Bastle dir ein Drehfix als Erinnerung daran, dass „Mitarbeiten“ und „Spaß beim Lernen haben“ zusammengehören:
Auf eine runde Scheibe malst du vorne eine Blume und hinten einen Schmetterling. Knote zwei Fäden an gegenüberliegenden Stellen daran. Drehe die Scheibe so lange, bis die Fäden verdrillt sind. Beim Loslassen wirbelt die Scheibe ganz schnell wieder zurück. Schaue genau: Wo sitzt der Schmetterling?

Wanja hat heute den ganzen Vormittag im Klassenschrank verbracht. Nach der Schule erzählt er Johanna, was ihm aufgefallen ist: „Manche Kinder beobachten ihre Mitschüler die ganze Stunde, einige machen ganz viel Quatsch, damit sie auffallen. Und wieder andere starren die ganze Stunde auf den Sekundenzeiger ihrer Uhr. Überleg mal, was mir aufgefallen ist, als ich dich beobachtet habe, Johanna!“
„Hätte ich mich öfter melden sollen?“, fragt Johanna kleinlaut.

Auch im Unterricht lernst du mit anderen Kindern zusammen. Lass dich nicht ablenken. Es gibt gute Gründe mitzuarbeiten:

- Du kannst dein Wissen prüfen und erweitern.
- Wenn die Lehrerin zu schnell erklärt, kannst du Zwischenfragen stellen.
- Was du im Unterricht nicht lernst, musst du zu Hause nachholen.
- Du kannst deine mündliche Note verbessern.
- Nur wer sich beteiligt, kann den Unterricht mitgestalten.
- Du kannst anderen Kindern etwas erklären.
- Nur Selberdenken macht schlau.
- Und das Wichtigste: So macht Schule viel mehr Spaß!

Du hast viele Möglichkeiten, dich am Unterricht zu beteiligen!

Hast du Ideen, wie du dich stärker am Unterricht beteiligen könntest? Meral, Benedikt und Johanna haben einige Möglichkeiten gefunden. Welche davon könntest du schon morgen umsetzen? Schreibe sie in die Sprechblasen. Du kannst natürlich eigene Begründungen ergänzen!

„Ich könnte …“

„… meinen Mitschülern helfen, wenn ich kann.“

„… meine Meinung sagen.“

„… nicht jeden Quatsch mitmachen aus Angst, man könnte mich für einen Feigling halten.“

„… fragen, wenn ich etwas nicht verstanden habe. Dumme Fragen gibt es nicht!“

„… etwas Passendes von zu Hause mitbringen (Lexikon, Internetausdruck, Gegenstand).“

„… der Lehrerin sagen, was mich nicht interessiert.“

„… der Lehrerin und meinen Mitschülern sagen, was mir gut gefällt.“

„… meine Mitschüler um Hilfe bitten.“

Wie kann es weitergehen?

Ein Lerntagebuch

Hast du Lust bekommen, weiter über dein Lernen nachzudenken? Dann schreibe ein Lerntagebuch als deinen persönlichen Lernbegleiter. Alle Entdeckungen, alles, was du an dir und anderen beim Lernen beobachtest, solltest du hineinschreiben. Du kannst es immer wieder ergänzen, nachlesen, es mit Bildern verzieren.
Es gehört dir und daher kannst du entscheiden, ob du es eher geheim halten oder anderen zum Lesen und Ergänzen geben willst. Schreibe alles hinein, was dir beim Lernen auffällt:

- Was hast du gerne gelernt?
- Welche neuen Lerntricks sind dir eingefallen, die dir das Lernen erleichtert haben?
- Welche Erfolge hattest du? Wer hat dich gelobt und was hat er oder sie gesagt?
- Zu welchen kniffligen, interessanten und anregenden Aufgaben hast du dir Lösungen überlegt?
- Hattest du Schwierigkeiten oder Probleme?
- Wie hast du sie beseitigt?
- Was willst du beim nächsten Mal anders machen?
- Worauf bist du stolz?
- Gibt es etwas, über das du mehr erfahren möchtest?
- Welche Lerntricks haben dir andere verraten?

Meral ist von der Idee, ein Lerntagebuch zu führen, ganz begeistert. Lies dir durch, was sie über die letzte Deutscharbeit geschrieben hat.

Liebes Tagebuch,
heute habe ich eine Deutscharbeit zurückbekommen. Ich war richtig gut! Ich habe fast alle Wörter richtig geschrieben und nur ein paar Fehler gemacht. Für das nächste Mal muss ich mir unbedingt merken, dass man „kalt" hinten mit „t" schreibt („kälter"). Frau Lieser lobte mich, sie sagte ...

Du solltest auch Dinge darin sammeln, die dir beim Lernen geholfen haben:

- besonders gelungene Arbeiten,
- deine Lernurkunde (S. 15),
- deine Zettel, auf denen du dir große und kleine Ziele setzt, ebenso deine Erfolgszettel (S. 21),
- schöne Bilder, die du für Konzentrationsübungen brauchen kannst (S. 28),
- Mandalas, die du gemalt hast (S. 32),
- die Tabelle mit deinen Konzentrationserfolgen (ab S. 34),
- Bilder und Geschichten, die dir beim Kim-Spiel oder einem anderen Gedächtnisspiel eingefallen sind (ab S. 40),
- Mind-Maps, Lernposter und Bilder zum Lernen von Gedichten (ab S. 44),
- deine Arbeitspläne für Hausaufgaben (S. 61) und Klassenarbeiten (S. 70),
- eine Hausaufgaben-Vereinbarung mit deinen Eltern (ab S. 64),
- die verschiedenen Bilder und Übersichten, die du zur Vorbereitung auf Klassenarbeiten ausprobiert hast, zum Beispiel eine Lernhand, ein Lernposter, Aufgaben vom Millionenspiel und Spickzettel (ab S. 69),
- eventuell eine Liste mit deinen „typischen Fehlern" bei einer Arbeit? (S. 83),
- die Aufstellung, was du gerne mit anderen zusammen lernst, was du lieber allein erledigst (S. 89),
- deine Lerneinladungen zu Freunden (S. 89)
- und alles, was dir sonst noch wichtig ist:

....

....

Wenn du willst, kannst du die nächsten zwei Seiten hier im Buch ausfüllen. Besser ist es jedoch, damit dein Lerntagebuch anzufangen.

Das möchte ich mir merken!

Überlege noch einmal gut, was auf dich zutrifft, und schreibe es auf.

Du hast während deiner Schulzeit schon vieles gelernt.
Was ist dir besonders wichtig? Worauf bist du besonders stolz?

....

....

Wenn du dich nicht richtig auf deine Arbeit konzentrieren kannst, dann kannst du Folgendes tun:

....

....

Mit diesen Gedächtnistricks kannst du dir viele Dinge merken:

....

....

Wenn deine Hausaufgaben ewig dauern, dann kann es helfen, wenn du:

....

....

Du kannst dich besser auf Klassenarbeiten vorbereiten, und zwar so:

....

....

Folgende Aufgaben machst du

... lieber alleine	... lieber mit jemandem zusammen

Welche Vorschläge aus dem Buch hast du ausprobiert?

1.

2.

3.

4.

5.

6.

Folgende Vorschläge waren wichtelgut:

Was möchtest du möglichst bald lernen?

Wenn du das Buch bis hierher durchgearbeitet hast, dann hast du dir schon sehr viel Lernwissen erworben. Schaue einmal nach, was Wanja dazu meint.

Lösungen

Seite 30:

Nummer 1	Nummer 2	Nummer 3
682 · 258 = 450	547 · 385 = 254	185 · 163 = 415
953 · 871 = 635	865 · 326 = 636	135 · 583 = 460
431 · 617 = 248	419 · 528 = 172	539 · 834 = 152
679 · 274 = 549	897 · 954 = 981	231 · 584 = 284
143 · 378 = 182	691 · 158 = 450	241 · 265 = 150
281 · 161 = 478	659 · 361 = 340	743 · 871 = 576
220 · 469 = 518	760 · 456 = 642	856 · 239 = 782
242 · 935 = 128	327 · 986 = 653	532 · 689 = 418
193 · 307 = 267	902 · 265 = 594	287 · 908 = 674
204 · 315 = 210	241 · 625 = 152	398 · 768 = 543

Seite 61:

Wanjas Vorschlag für die Reihenfolge der Aufgaben:

1. Ideensammlung zum Thema „Der Bär“, Geschichte schreiben
2. Quadratzahlen bis 20 lernen
3. Text lesen: Die Römer am Limes
4. Aufgaben zur schriftlichen Division, Buch S. 93, Nr. 3, 4
5. Geräusche im Bad aufnehmen
6. Das Bild für Religion „Die Auferstehung“ würde ich nur noch malen, wenn ich Lust hätte.

Seite 89:

Meral arbeitet gerne allein, wenn sie

- etwas im Lexikon nachschlägt,
- ein Bild malt,
- Mathematikaufgaben löst,
- etwas bastelt,
- ein Gedicht lernt,
- eine Geschichte schreibt.

Meral lernt gerne mit anderen, wenn sie

- sich etwas erklären lassen möchte, das sie im Unterricht nicht verstanden hat,
- Ideen für eine Geschichte sammelt,
- die Rechtschreibung einer Geschichte verbessern soll,
- sich abfragen lässt und andere abfragt,
- für ein Diktat übt,
- Ergebnisse vergleichen soll,
- Fragen bespricht,
- die Lösungen der Mathematikaufgaben überprüft.

Für Eltern

1 Mit Kindern über ihr Lernen nachdenken

Kommen Ihnen auch manchmal Zweifel, ob Ihr Kind „richtig lernt", wenn Sie abends einen Blick auf seine Schularbeiten werfen? In der Grundschule sollen Kinder tragfähiges Wissen erwerben, mit dem sie nicht nur für ihre weitere Schullaufbahn gerüstet sind, sondern auch für ein „Leben danach", für ein Leben in unserer ständig wachsenden Wissensgesellschaft. Sich verändernde Ansprüche von Ausbildung, Beruf und Gesellschaft verlangen lernbereite und lernbefähigte Menschen, die sich selbstständig und ihrem Gewissen verantwortlich in unserer Welt orientieren. Diese Fähigkeiten entwickeln sich nicht „nebenbei" mit zunehmendem Alter oder durch Reifung, sie müssen unterstützt und gefördert werden.

Bereits in ihrer Grundschulzeit kommen Kinder mit verschiedenen Lernmethoden in Berührung, erproben und nutzen sie für ihr Lernen. Wenn sie in diesem Prozess allein gelassen werden, können sich langfristig ungünstige Lernstrategien festigen und späteres Lernen behindern. Umgekehrt wird Lernen unnötig erschwert, wenn Erfolg versprechende, das Lernen erleichternde Strategien nur zufällig oder eher beiläufig erworben werden.

Hier möchte dieses Buch ansetzen. Es möchte Schülerinnen und Schülern helfen, Lernen in der Schule, Erledigung von Hausaufgaben und Vorbereitung auf Klassenarbeiten effizienter, mit weniger Angst und erfolgreicher zu bewältigen. Dazu will es Kinder zu wiederholter, bewusster Beschäftigung mit dem eigenen Lernen anregen, damit sie selbst Stärken und Schwächen der eigenen Lernorganisation erkennen können. Alternative Lernstrategien werden vorgestellt und es wird die Erprobung an geeigneten Aufgaben ermöglicht. Ziel ist es langfristig, dass die Lernenden zunehmend flexibler und selbstständiger Lernstrategien sachgemäß anwenden und Verantwortung für ihren eigenen Lernerfolg übernehmen.

Sie bekommen Ideen und Anregungen,

- ihre eigenen Fähigkeiten zu entdecken und positiv zu bewerten;
- sich eigene Lernschwierigkeiten bewusst zu machen;
- verschiedene Lösungsmöglichkeiten zu entwickeln und zu erproben;
- die bewährten Ergebnisse in ihren Lernalltag zu integrieren.

[info]

Lernen lernen

Die griffige Formel „Lernen lernen" ist in den letzten Jahren zu einem Schlüsselwort der Schulpädagogik geworden. Man verbindet damit die Absicht, Lernende zum Nachdenken über ihr eigenes Lernen anzuregen, eigene Lernerfahrungen bewusst zu machen, diese mit anderen Menschen auszutauschen und zu reflektieren und Einsicht in den Lernprozess zu gewinnen. Dazu gehören auch an Inhalte gebundene, jedoch als Angebote verstandene Vorschläge von Lernstrategien. Ziel ist es, den Kindern Methoden zum selbstständigen Lernen und Arbeiten bewusst zu machen und sie damit letztlich zur (Selbst-) Bildung zu befähigen.

In den ersten drei Kapiteln („Jeder Mensch lernt – immer“; „Konzentration“; „Gedächtnis“) werden grundlegende Bedingungen für gelingendes Arbeiten dargestellt. Diese werden anschließend in den Kapiteln „Hausaufgaben“ und „Klassenarbeiten“ angewendet. Im letzten Kapitel sollen Formen, Möglichkeiten und Chancen des gemeinsamen Lernens mit Gleichaltrigen eröffnet werden.

Bei der Arbeit mit dem Buch helfen Sie Ihrem Kind mehr, wenn Sie ihm nicht (vor)sagen, was richtig und falsch ist, sondern es selbst experimentieren lassen. Ermuntern Sie es, das Buch regelmäßig zu benutzen und dabei jeweils nur kleine Einheiten zu bearbeiten. Hat Ihr Kind Schwierigkeiten mit einem Abschnitt, so bestärken Sie es, diesen Abschnitt zurückzustellen und zunächst einen anderen zu bearbeiten.

Besonders schwer fällt Grundschülern erfahrungsgemäß die Anwendung auf ihre konkrete Lernsituation: Welche Lernstrategie ist passend für mein aktuelles Lernproblem? Welche Methoden kann ich anwenden, um ein bestimmtes Gedicht zu lernen? Daher ist eine einfühlsame Begleitung und Beratung förderlich und notwendig, damit sich nützliche, einsichtige und bewährte Lernstrategien auch festigen können.

Auf den folgenden Seiten finden Sie Informationen aus der Lernforschung, die den Blick für die Besonderheiten Ihres Kindes schärfen können. Welche Schlüsse Sie daraus ziehen, welche Hinweise sich daraus für das Lernen Ihres Kindes ergeben, das müssen Sie mit Ihrem Kind gemeinsam entscheiden, denn es gibt keine „optimalen“ Lerntechniken, höchstens günstige oder weniger günstige. Niemand kann sagen, was für Sie und Ihr Kind „optimal ist“, weder ein Lehrer noch sonst ein Erziehungsexperte. Die Expertin/der Experte für die Erziehung Ihres Kindes sind Sie, denn niemand kennt Ihr Kind so gut wie Sie. Welche Hinweise Ihnen und Ihrem Kind weiterhelfen, können und müssen Sie daher mit ihm gemeinsam erproben und entscheiden. Nur was sich bewährt, soll Eingang in den Schul- und Familienalltag finden. Hilfreich ist es, sich die eigenen Beobachtungen, Erfahrungen und Ideen, aber auch die kleinen lustigen Geschichten aus dem Alltag in einem kleinen Heft zu notieren, immer wieder darin nachzuschlagen, Korrekturen und Ergänzungen vorzunehmen. So kann neben der Lektüre dieses Buches auch Ihr persönliches **Lerntagebuch** mit schönen Erinnerungen für Ihr Kind entstehen.

[info]

Mit dem „Lernen lernen“ verbinden sich folgende **Erwartungen:**

- Die Kinder sollen Methoden und Techniken erlernen, die ihnen kurzfristig beim Erlernen des Schulstoffs und Erledigen der Hausaufgaben helfen. Dazu gehören Tipps und Tricks zur besseren Bewältigung des Lernalltags.
- Die Lernenden sollen wichtige Lernstrategien erwerben: sich die Zeit selbstständig einteilen, Informationen suchen und auswerten, sich Inhalte aneignen.
- Schlüsselqualifikationen für Schule und Beruf sollen angebahnt werden, z. B. Selbstständigkeit und Zuverlässigkeit.
- Gewohnheiten und Einstellungen sollen erworben werden, die zu „lebenslangem Lernen“ befähigen und motivieren, wie z. B. eigen- und gesellschaftlich verantwortliches Handeln.

2 Interessantes aus der Lernforschung

In der Lernforschung gibt es zahlreiche Theorien und Untersuchungen zum menschlichen Lernen. Wenngleich darüber noch lange kein vollständiges Bild vorliegt, gibt es doch bestimmte Erkenntnisse, die uns helfen können, unser Lernen besser zu verstehen und erfolgreicher zu organisieren. Einige Erkenntnisse sollen hier zusammengefasst werden.

Was wir wissen und was wir wahrnehmen

Stellen Sie sich vor: Sie sitzen in einem gut besuchten Vortragssaal und ein bekannter Schriftsteller trägt ein Gedicht vor. Beim Hinausgehen sagen Sie zu Ihrem Nachbarn: „War das interessant!" Er antwortet: „So? Ich fand das Gedicht eher nichts sagend!" Jeder Mensch in diesem Vortragssaal behält diesen Abend anders im Gedächtnis, obwohl doch alle dasselbe erlebt haben.

Während des Vortrages hören Sie z. B. auch das Atmen Ihres Nachbarn, das Rascheln von Papier oder Sie sehen das Wasserglas auf dem Pult des Vortragenden. Das meiste davon kommt gar nicht in Ihr Bewusstsein oder Sie vergessen es gleich wieder. An den Inhalt des Gedichtes, Ihre Gedanken dazu erinnern Sie sich wahrscheinlich auch noch am nächsten Tag, vielleicht sogar in der nächsten Woche. Wie selbstverständlich filtert unser Gehirn die vielen ankommenden Sinnesreize, indem es seine Wahrnehmung allein auf den Vortrag lenkt und alles Störende ausblendet. Die Wahrnehmung ist also kein passiver, sondern ein aktiver Vorgang.

Darüber hinaus bedeuten die Inhalte des Vortrages für jeden Zuhörer etwas anderes. Jeder Mensch hat „seine eigene Welt im Kopf" (Paul Watzlawick), die bestimmt, was er wahrnimmt, was er aufnimmt, was er behält und wie sich dadurch sein Wissen vergrößert. Weil sich Menschen in ihrer Weltsicht, ihren Interessen und Wünschen unterscheiden, verstehen sie den Vortrag auch verschieden. Es ließe sich demnach trefflich streiten, ob er eher „interessant" oder „nichts sagend" war, denn dieses Urteil ist in großen Teilen von den Erwartungen und dem Vorwissen des Zuhörers abhängig.

[info]

Unser Gehirn in Zahlen

Das menschliche Gehirn besteht aus ca. 100 Milliarden Nervenzellen, Neuronen genannt. Diese sind untereinander verknüpft durch ein Verbindungssystem aus so genannten Synapsen, von denen es etwa 10.000 mal so viele gibt wie Nervenzellen. Eine Nervenzelle kann über eine solche Synapse Informationen von Hunderten, manchmal sogar Tausenden anderer Nervenzellen empfangen. Würde man alle Synapsen hintereinander legen, ergäbe sich eine Länge von 500.000 km – das ist deutlich mehr als die Entfernung von der Erde zum Mond.

An geistigen Prozessen sind Millionen von Nervenzellen beteiligt, die teilweise über weite Teile des Gehirnes verteilt sind. Ein Wunder, dass trotz dieses ziemlich unübersichtlichen Netzwerkes unsere Gedanken meist recht klar sind.

Was sehen Sie?

Dieselbe Schlussfolgerung gilt für die Qualität eines „guten" Unterrichts oder einer „guten" Nachhilfestunde: Wie verständlich sie ist, kann nur entscheiden, wer es verstehen soll, und zum Verstehen ist eine Verbindung zu bereits vorhandenen Gedächtnisinhalten erforderlich. „Man versteht das Neue nur, indem man es mit Altem assoziiert" (George Polya, Mathematiker). Dazulernen kann man nur, wenn das Neue in irgendeiner Weise an vorhandenes Wissen anknüpft. Lernen ist also immer nur Weiterlernen, jede Einsicht nur vorläufig. Daher gilt: Je weniger ein Inhalt in Verbindung zu bisherigen Erfahrungen und vorhandenem Vorwissen steht, umso schwieriger ist es, sich ihn einzuprägen. Und umgekehrt: Je intensiver die Beschäftigung mit dem Lerngegenstand und je höher die Verbindung mit Bekanntem, umso leichter fällt das Lernen.
Lernstoff wird – vereinfacht gesagt – umso sicherer gelernt, je stabiler die Verbindungen zwischen Nervenzellen im Gehirn hergestellt werden.

Dazu braucht es Zeit, damit der Erregungsimpuls zwischen den Synapsen kreisen und sich chemisch stabilisieren kann. Mit anderen Worten: Wiederholungen von Lernstoff sind notwendig und sinnvoll. Üblicherweise werden dazu in der Schule Übungen gemacht und Inhalte durch Hausaufgaben vertieft. Besonders wichtig ist auch das Gespräch, denn die Versprachlichung des Gelernten stellt andere Anforderungen als die Anwendung in Übungen. Eigene Deutungen des Inhalts, Ideen und Meinungen können nur im Dialog bestätigt bzw. widerlegt werden. Daher ist es wichtig, Kindern das Lernen mit anderen zu ermöglichen und sie zum Sprechen über Lerninhalte anzuregen.

- Wiederholung und Anwendung sind für die Stabilisierung von Wissen wichtig. Überlegen Sie selbst: Wie könnten Sie mit Ihrem Kind Inhalte möglichst „nebenbei" üben (z. B. beim Spazierengehen, Auto fahren, Spülen)?

[info]

Wie gelangt eine Information in unser Gedächtnis?

Alle Informationen, die unser Gehirn erhält, werden von unseren Sinnesorganen als „Reize" aufgenommen. Die Sinneszellen leiten den Reiz in Form elektrischer Impulse an die Nervenzellen weiter. Der elektrische Erregungsimpuls beginnt nun zwischen den Synapsen der Nervenzellen zu kreisen (Kurzzeitgedächtnis) und hinterlässt eine charakteristische molekulare Struktur, die sich chemisch festigt. Diese „neuen" Nervenbahnen festigen sich und es entstehen so genannte „Engramme", die unser Langzeitgedächtnis bilden.

Aktives Lernen erleichtert das Behalten

Unser Kurzzeitgedächtnis verfügt über eine begrenzte Aufnahmekapazität. Probieren Sie es aus: Lesen Sie die folgende Liste der Zufallszahlen einmal durch, decken Sie sie zu und schreiben Sie dann möglichst viele davon in richtiger Reihenfolge in die Zeilen darunter.

4	9	1	7	4	5
5	2	9	3	4	1

....

....

Nun wiederholen Sie den Gedächtnistest anhand der Liste zufälliger Buchstaben.

K	H	Ö	Q	F	X
U	A	Ü	P	Z	W

....

....

Wenn Ihr Kurzzeitgedächtnis genauso funktioniert wie bei den meisten anderen Menschen, haben Sie sich vermutlich sieben Zahlen oder Buchstaben gemerkt. Einige Menschen können sich fünf, andere neun, also 7 ± 2 unverbundene Informationen merken, hat der Harvard-Psychologe George Miller schon 1956 in Untersuchungen herausgefunden. Die Größe dieser Informationen kann sich unterscheiden, sie kann aus einem einzelnen Buchstaben, einem Wort, oder auch einem Bild bestehen. Dadurch kann die Aufnahmekapazität des Kurzzeitgedächtnisses deutlich erweitert werden. Ein geschichtlich gebildeter Mensch kann sich z. B. alle Ziffern der Zahlenreihe 18711914191819391945 merken, denn er interpretiert jeweils fünf Vierergruppen der 20 Ziffern als bedeutungsvolle Jahreszahlen. Damit muss er sich nur fünf Informationen merken und kann die einzelnen Ziffern daraus ableiten.

Ein wesentlicher Faktor für die Speicherung von Informationen im Gedächtnis ist demnach, ob es gelingt, die neuen Informationen aktiv miteinander und mit vorhandenem Vorwissen zu verknüpfen. Darin unterscheidet sich auch einfaches Wiederholen, bei dem man Informationen möglichst oft wiederholt, vom **kreativen Wiederholen**, das Informationen analysiert, mit vorhandenem Vorwissen verbindet und damit auf die Speicherung im Langzeitgedächtnis vorbereitet. Wer viel weiß, lernt Neues schneller. (Anregungen finden Sie im Kapitel „Gedächtnistricks“ auf S. 39 ff.)

Viele Schüler machen – freiwillig oder unfreiwillig – nur wenig Gebrauch von den zahlreichen Möglichkeiten, einen Lerngegenstand aktiv durchzuarbeiten. In der Schule hören sie meistens nur zu oder schreiben ab, zu Hause lesen sie sich die Inhalte durch. Dabei könnten sie den Lernstoff auf viele Weise „sichtbar“, „hörbar“, „begreifbar“ – mit einem Wort: „erfahrbar“ machen und sich damit das Lernen erleichtern. Gehirnphysiologisch ist dies auch durch die Funktionsweise unserer Gehirnhälften zu erklären, die Informationen unterschiedlich auffas-

[info]

Chunking

Unzusammenhängende Informationen können mit Sinn versehen und damit zu höherwertigen, intelligenteren Informationen zusammengefasst werden. Der amerikanische Psychologe George Miller bezeichnet eine dieser bedeutungstragenden Informationseinheiten als Chunk. Ein Chunk kann entstehen u. a. durch

- Koordination (Verbinden von inhaltlich unverbundenen Informationen, z. B. von Kreide und Schwamm),
- Reduktion (Vernachlässigen von einzelnen Informationen, z. B. denke ich an Schlüssel, dann auch an Schloss),
- Abstraktion (Verallgemeinerung der Information etwa zu einem Begriff, z. B. Arme, Beine, Rumpf, Kopf zu Körper).

Dazu muss jedoch der Lernstoff in einem Netz von vorhandenen Informationen verarbeitet werden.

sen und verarbeiten. Die linke Hälfte speichert eher Wörter und logische Beziehungen, die rechte eher Bilder, Bewegungen und Erlebnisse. Wenn beide Gehirnhälften am Lernprozess beteiligt sind, werden Inhalte stabiler behalten und können leichter abgerufen werden.

Das kann heißen: Ein Gedicht, das man auswendig lernen möchte, sollte man sich nicht nur fünfmal vorlesen. Kreatives Wiederholen kann auch so aussehen: Zu jeder Strophe ein Bild malen (S. 46 ff.), den Text durch Bewegungen begleiten, Hintergrundinformationen recherchieren, Reimwörter lernen, den Text auf eine bekannte Melodie singen oder den Inhalt nachspielen.

- Wie können Sie mit Ihrem Kind einen aktuellen Lerninhalt aktiv durcharbeiten? Überlegen Sie gemeinsam mit Ihrem Kind.

Emotionen beeinflussen unser Lernen

Wir wissen aus eigener Erfahrung, dass Körper und Geist aufeinander reagieren: Nach dem Essen, bei körperlicher Erschöpfung oder Fieber ist konzentriertes Arbeiten praktisch unmöglich. Zu bestimmten Tageszeiten, bei guter Stimmung und in gelöster Atmosphäre hingegen fällt es uns viel leichter. Unter welchen Umständen wir etwas lernen, hat also direkten Einfluss darauf, ob und wie wir es uns merken können.

Oft assoziieren wir mit einem Inhalt auch noch die Situation, in der wir ihn gelernt haben. Eindrücke und Ereignisse, die miteinander auftreten, werden in der Erinnerung verbunden, d. h., die Emotionen, Situationen und Personen werden zusammen mit den erworbenen Inhalten im Gedächtnis gespeichert. Viele fachliche Vorlieben und Abneigungen sind dadurch begründet: Den Ärger über einen Misserfolg, einen ungerechten Lehrer oder eine schlechte Bewertung übertragen Schüler auf ganze Wissensgebiete. Auch wenn der ursprüngliche Anlass längst vergessen ist, bleibt die erworbene Abneigung erhalten und beeinflusst das weitere Lernen.

Negative Einstellungen und Widerstände sind häufig Ursache von Lernerschwernissen und können zu Ängsten und Lernblockaden führen. Die Betroffenen können in solchen Situationen nicht mehr klar denken, fühlen sich unsicher und gehemmt. Enorme

Lernanstrengungen führen nicht zum Erfolg, weil nicht Inhalte gelernt werden, sondern die Überzeugung, dass man für dieses Gebiet unbegabt ist. Die Abwehrhaltung blockiert das Aufnahmevermögen. Umgekehrt werden mit positiven Erfahrungen verknüpfte Informationen besser verstanden, verarbeitet und im Gedächtnis verankert. Blockaden, die durch negative Erfahrungen verursacht wurden, lassen sich durch Erfahrungen in positiven Lernsituationen in Freude, Interesse und Vertrauen verwandeln (dies nutzt z. B. die Suggestopädie, eine Lernmethode für Fremdsprachen, die sich kreativ-spielerische Elemente zunutze macht).

- Haben Sie den Eindruck, dass Ihr Kind vor einem bestimmten Fach oder einem bestimmten Lehrer besondere Angst hat? Mit wem könnten Sie darüber sprechen? Bei welcher Gelegenheit?
- Wie können Sie fördern, dass Lerninhalte mit einer gefühlsmäßig positiven Assoziation verbunden werden? Wie können Sie auf die Lernatmosphäre Ihres Kindes positiv einwirken?

[info]

Gefühle im Gehirn

Der Thalamus, ein Gebiet im Zwischenhirn, stellt eine empfindliche Nahtstelle zwischen vegetativ-körperlichen und seelisch-affektiven Vorgängen dar. Es ist eine Art Schiedsstelle, die darüber befindet, welche Sinneseindrücke für uns wichtig sind. Wenn Informationen als wichtig eingestuft werden, färbt der Thalamus sie hormonell lustvoll ein, sodass sie im Gehirn leichter Eingang finden.
Bei Informationen, die eher als unwichtig eingestuft werden, stimmt der Thalamus uns eher abwehrend oder gleichgültig.
Die das Lernen begleitenden Emotionen sind für den Erfolg von ausschlaggebender Bedeutung, denn die Wichtigkeit, die eine Information oder ein Ereignis für ein Individuum hat, entscheidet darüber, ob und wie stabil sie oder es im Gedächtnis gespeichert wird.

3 Wie kann ich mein Kind beim Lernen unterstützen?

Niemand sieht Kinder gerne mit Schwierigkeiten kämpfen, also liegt die Frage nahe, wie ihnen der schulische Alltag erleichtert werden kann.
Aber: Eltern können Ihrem Kind das Lernen nicht abnehmen, auch wenn sie noch so viele Stunden neben ihm sitzen. „Beibringen", „einpflanzen" oder „eintrichtern", auch wenn noch so gut gemeint, ist nur in sehr begrenztem Maße möglich. „Für" Ihr Kind können Sie nicht lernen, „mit" ihm nur sehr bedingt. Ihr Kind bestimmt selbst (oft unbewusst), was es lernt und wie es Neues in sein vorhandenes Wissen integriert. Das Lernen kann ihm niemand abnehmen, es muss es allein schaffen und dabei lassen sich Schwierigkeiten nicht vermeiden. Das ist eine wichtige Erkenntnis der Lernforschung.
Gibt es Lernprobleme, so wissen sich Eltern oft nicht anders zu retten, als die Rolle des Hilfslehrers zu übernehmen. Diese können Eltern jedoch oft nur sehr unbefriedigend erfüllen, da sie durch ihre persönliche Bindung emotional sehr stark am Lernerfolg der Kinder teilhaben. Je stärker sie sich engagieren, um so höher ist auch ihre Erwartung an das Kind. Entmutigende Ergebnisse können ganze Familien belasten, weil das Kind die Erwartungen nicht erfüllt, die in es gesetzt wurden. Nicht selten enden solche Maßnahmen mit Tränen auf beiden Seiten.
Der Lernerfolg eines Kindes lässt sich demnach nur indirekt beeinflussen: beratend, unterstützend, begleitend. Eltern können es fördern, indem sie:

- seine Freude am Lernen erhalten;
- ein positives Selbstbild fördern;
- es bei der Optimierung seiner Lernorganisation unterstützen;
- ihm Hilfe zur Selbsthilfe an die Hand geben.

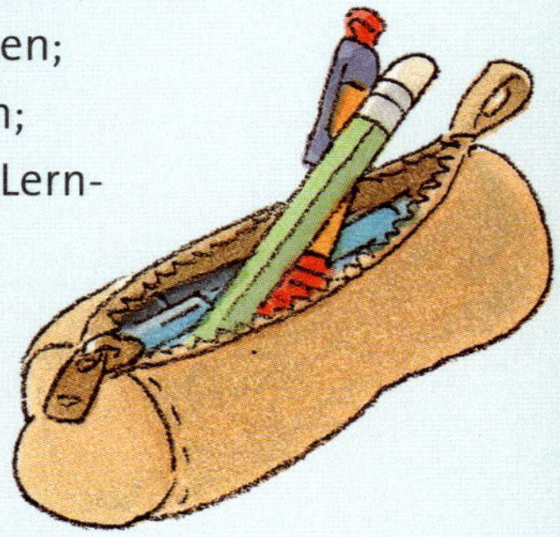

[info]

Erziehungsstil und Lernmotivation

Nach Erkenntnissen, zusammengefasst durch die Psychologen Oerter und Montada, haben sich folgende elterliche Erziehungsmaßnahmen als förderlich für die Lern- und Leistungsmotivation des Kindes erwiesen:

- Erziehung zur Selbstständigkeit: Im Rahmen der Fähigkeiten des Kindes wird ihm Autonomie und Entscheidungsfreiheit zugestanden.
- Erziehung durch Lob: Hohes Anspruchsniveau gepaart mit positiver Verstärkung.
- Positives Vorbild der Eltern: Nachahmung und Identifikation mit der elterlichen Haltung.
- Vielfältige Anregung in der häuslichen Lernumgebung.

Die Freude am Lernen erhalten

Johanna stöhnt: „Immer nur lernen, lernen. So viele Hausaufgaben! Und dann noch die Deutscharbeit morgen! Ich habe einfach keine Lust! Soll doch lernen wer will, ich bin morgen krank! Basta!"
Johannas Mutter weiß nun Bescheid über den Gemütszustand ihrer Tochter. Wie soll sie damit umgehen? „Setz dich jetzt an deinen Schreibtisch und fang an. Wenn du heute Abend nicht fertig bist,

gehen wir nicht in den Zirkus!" O je, vielleicht wird sie dann noch bockiger. „Komm, lass uns gemeinsam anfangen." Aber erst gestern hatten sie darüber gesprochen, dass Johanna selbstständiger lernen soll. Als Lernen noch nicht mit Anstrengung, Zwang und Bewertung verbunden war, hatte Johanna einen unstillbaren Wissensdurst, sie lernte mit viel Freude und freiwillig. Der große Lerneifer hörte plötzlich auf, als sie lernen musste, Johanna zeigte Trotz und Verweigerung.

Bereitschaft zum Lernen? Lust am Lernen? Das Problem scheint weniger zu sein, dass Schüler den Stoff nicht lernen können, sondern dass sie ihn nicht lernen wollen. Dabei ist die Lernmotivation wesentlicher Dreh- und Angelpunkt für erfolgreiches Lernen innerhalb und außerhalb der Schule. Ein Kind nimmt nur das wahr, was es wahrnehmen will und es lernt nur das, was es auch lernen will.

Wie können Eltern die Lernmotivation ihrer Kinder nachhaltig unterstützen? Sollen sie sich möglichst wenig um schulische Angelegenheiten kümmern, damit ihr Kind eigenständig arbeiten lernt und die Konsequenzen seines Handelns erfährt? Oder sollen sie das Lernen ihres Kindes möglichst umfassend kontrollieren, damit es in der Schule „mitkommt"? Verschiedene psychologische Untersuchungen belegen die Wirksamkeit folgender drei Faktoren:

[info]

Entwicklung von Lernmotivation

Die amerikanischen Psychologen Edward L. Deci und Richard M. Ryan identifizierten bei ihren Experimenten drei angeborene psychologische Bedürfnisse, die von hoher Bedeutung für die Lernmotivation von Kindern sind:

- Kompetenz, d. h., sie können etwas sachverständig und erfolgreich erledigen;
- Autonomie, d. h., sie können in vielen Dingen selbstständig, nach eigenen Plänen handeln;
- Soziale Eingebundenheit, d. h., sie fühlen sich durch ihre Bezugspersonen und Gleichaltrigen anerkannt.

1. Erfahrung von Kompetenz ermöglichen

Das Lernen wird von Kindern nur dann als anregend und befriedigend empfunden, wenn neue Fähigkeiten spürbar erworben bzw. verbessert werden, wenn also das Lernen erfolgreich ist. Nichts ist deprimierender, als nach stundenlanger Anstrengung festzustellen, dass die Mühen vergeblich waren und das Ergebnis nicht den Erwartungen entspricht. Eltern können ihren Kindern klare Rückmeldungen über deren Lernzuwachs geben und den Nachwuchs für gute Leistungen loben. Sie können ihnen auch die Gelegenheit geben, ihr erworbenes Wissen in den Familienalltag einzubringen.

- Was hat Ihr Kind in den letzten Tagen gut gemacht (in der Familie, in der Schule, in der Freizeit)? Wo hatte es Erfolge? Wie könnten Sie Ihrem Kind zu verstehen geben, dass Sie diese Leistungen schätzen?
- Wie können Sie Ihrem Kind die Nutzbarkeit und Anwendbarkeit seines erworbenen Wissens aufzeigen, z. B. in den Ferien, wo z. B. das Planen von Ausflügen ein willkommener Anlass zur Beschäftigung mit der Landeskunde, Geschichte oder Sprache des Urlaubslandes sein könnte?

2. Autonomie ermöglichen

Eltern können ihren Kindern, wo immer sinnvoll und dem Alter angemessen, Wahlmöglichkeiten anbieten und damit die Eigeninitiative ihres Kindes fördern. Das könnte heißen: Meral entscheidet selbst, in welcher Reihenfolge sie ihre Hausaufgaben erledigt und wann sie Hilfe in Anspruch nehmen will, Benedikt bestimmt, wann er was für die Klassenarbeit lernt. Wesentlich dabei ist, dass den Kindern Ziele und Anforderungen klar sind und ihre Fähigkeiten ausreichen, um sie zu erreichen.

- Welche Entscheidungsspielräume nutzt Ihr Kind? Sehen Sie Möglichkeiten, seine Eigeninitiative weiter zu fördern und ihm zusätzliche Wahl- und Entscheidungsfreiheiten zu geben?
- Wo braucht Ihr Kind Hilfe? In welcher Form?

3. Anerkennung zeigen

Eltern können ihrem Kind das Gefühl von Anerkennung und Bindung vermitteln, wenn sie Interesse an ihm zeigen: an seinen alltäglichen Aktivitäten innerhalb und außerhalb der Schule, seinen Freunden, seinen persönlichen Überlegungen und seiner besonderen Form der (auch durch die Schule angeregten) Welterkenntnis. Dies ist möglich in einer familiären Atmosphäre, die von Wertschätzung und emotionaler Wärme geprägt ist. Dazu gehört auch, dass sich Eltern offen und fair mit ihren Kindern über strittige Standpunkte auseinander setzen, ihre Ansicht vertreten und möglichst einsichtig begründen. Besonders wichtig ist Ihrem Kind zunehmend die Anerkennung durch Gleichaltrige, und das wird sich in den nächsten Jahren weiter verstärken. Damit es seine Interessen selbstbewusst verfolgt, ist es wichtig, ihm frühzeitig den Rücken zu stärken und ihm Kontakte zu Kindern mit gleichen Neigungen zu ermöglichen. Dazu können außerschulische Institutionen hilfreich sein: Musikschulen, Sportvereine und Museen mit ihren museumspädagogischen Programmen bieten Ihrem Kind zahlreiche Möglichkeiten und Gelegenheiten, ein interessantes Hobby zu finden. Kontaktadressen finden Sie im Internet oder bei Elternverbänden.

- Wie können Sie Ihrem Kind zeigen, dass Sie an seinem Leben interessiert sind, dass es ein wichtiger Teil Ihrer Familie ist?
- Was mag Ihr Kind besonders, was interessiert es? Wie könnten Sie sein Engagement fördern, welche Aktivitäten können Sie mit ihm unternehmen?

Ein positives Selbstbild fördern

Kinder, die stets Angst vor Misserfolgen haben, stellen sich weniger mutig neuen Herausforderungen, entwickeln vorsichtiger Interesse an Neuem und zeigen oft auch eine geringere Lernmotivation. Wichtig ist es, dem Kind Auswege aus der Angst zu zeigen, das heißt vor allem:

- Den Blick auf die Stärken des Kindes richten;
- Lernerfolge ermöglichen;
- Lernerfolge auf eigene Fähigkeiten zurückführen.

Den Blick auf die Stärken des Kindes richten

Merals Ergebnis bei der letzten Deutscharbeit war ziemlich schlecht und bestätigt sie darin, dass sie Deutsch einfach nicht kann. „Ich bin eben schlecht. Ich kann es nicht und werde es auch niemals lernen!“

Aus einer schlechten Note in einem Diktat wird „Ich kann eben kein Deutsch!“, daraus „Ich kann überhaupt nichts!“, und schließlich tritt Entmutigung, Lernunlust und Trotz ein: „Warum soll ich mich überhaupt noch anstrengen?“ Für die nächste Deutscharbeit lernt Meral nur das Nötigste und mit Widerwillen, ist entsprechend schlecht vorbereitet und nervös. Das Ergebnis fällt erwartungsgemäß schlecht aus und bestätigt Meral. Kein guter Kreislauf!

Auch Eltern und Lehrern passiert es oft, dass sie ihre Aufmerksamkeit nur auf Schwierigkeiten, schlechte Noten und Niederlagen der Kinder richten: den täglichen Ärger mit den Hausaufgaben, die schlechte Klassenarbeit, die Probleme mit der mündlichen Beteiligung ... Die guten Fähigkeiten, Stärken und Erfolge der Kinder geraten dabei leicht in den Hintergrund. Dabei kann Meral eine ganze Menge: Sie kann Lieder auf ihrer Blockflöte spielen, schwimmen und in Mathematik ist sie auch nicht schlecht. Auch in Deutsch kann sie mitnichten „überhaupt nichts“: Ihre Geschichten sind z.B. sehr spannend, sie liest fesselnd vor und hat eine ordentliche Handschrift.

Noten in der Schule messen nur bestimmte Leistungen, die die unterschiedlichen Fähigkeiten von Kindern nur bedingt widerspiegeln. Daher sollten Eltern schulische Erfolge zwar wichtig und ernst nehmen, ihre Kinder aber nicht ausschließlich daran messen: Klassenarbeiten sind z.B. nicht nur Leistungs- und Vergleichsbarometer, sondern auch Dokumentation und Information über erworbenes Wissen. Klassenarbeiten zeigen auch, was Ihr Kind schon alles gelernt hat, nicht nur, wie die rote Farbe hervorhebt, was es nicht kann. Ein selbstbewusster Schüler lernt gern, weil er zuvor schon weiß, dass er erfolgreich sein wird.

- Welche guten Fähigkeiten hat Ihr Kind? Schreiben Sie alles auf, was Ihnen einfällt. Denken Sie daran, wie Sie Ihr Kind erleben: in der Familie, mit seinen Freundinnen oder Freunden, bei seinen Hobbys (Kunst, Musik, Sport), in der Freizeit, in der Schule? Geben Sie sich nicht zu schnell zufrieden, Sie finden bestimmt leicht 50 Punkte!
- Wie können Sie die Selbstsicherheit Ihres Kindes fördern, seinen Blick auf die Stärken richten? Welche Schwächen hat Ihr Kind, unter denen es leidet? Wie können Sie ihm helfen, diese Schwächen anzunehmen?

[info]

Der Pygmalion-Effekt

In der griechischen Mythologie ist Pygmalion ein Bildhauer, der aus Elfenbein die Statue einer Frau fertigt. In diese selbst geschaffene Figur verliebt er sich unsterblich und nennt sie „Galatea“. Aphrodite, die Liebesgöttin, erhört Pygmalion und erweckt Galatea zum Leben.

Im übertragenen Sinn bedeutet der „Pygmalion-Effekt“, dass die Erwartungen, die wir an einen Menschen haben, ihn formen, sein Verhalten beeinflussen. Wir nennen dies auch eine „sich selbst erfüllende Prophezeiung“.

Robert Rosenthal, Professor für Sozialpsychologie in Harvard, wies diesen Effekt in vielen Experimenten nach. Besonders spektakulär ist das Ergebnis, dass Kinder bei Lehrern, von denen sie für klug gehalten werden, mehr lernen.

Lernerfolge ermöglichen

„Mathe macht Spaß!" Meral legt ihre Mathesachen überhaupt nicht mehr zur Seite. „Schau mal, ich habe schon zwei Seiten gerechnet!" Ihr Vater schüttelt überrascht den Kopf. Erst vergangene Woche hatte sie ihm erklärt, dass sie niemals mehr freiwillig eine Zahl schreiben würde, geschweige denn eine Rechenaufgabe in ihren Kopf hineinlassen könnte, und jetzt das? Wer soll das verstehen?

Meral ist begeistert von den Aufgaben, denn sie hat mit viel Mühe herausgefunden, wie sie „funktionieren". Sie hat begriffen, war erfolgreich und dies ist für sie die größte Belohnung ihrer Mühe. Motivation fürs Lernen wird am stärksten und nachhaltigsten erhalten, wenn es erfolgreich ist, d. h., die Erfahrung des Verstehens ermöglicht, zum „fruchtbaren Moment" der Begegnung mit dem Lernstoff verhilft. Kinder, die das Lustgefühl, das mit einem Erfolg verbunden ist, empfunden haben, wollen diese positive Empfindung möglichst bald und oft wiederholen. Erfolg ist sein eigener Motor, aber auch sein eigenes Ziel.

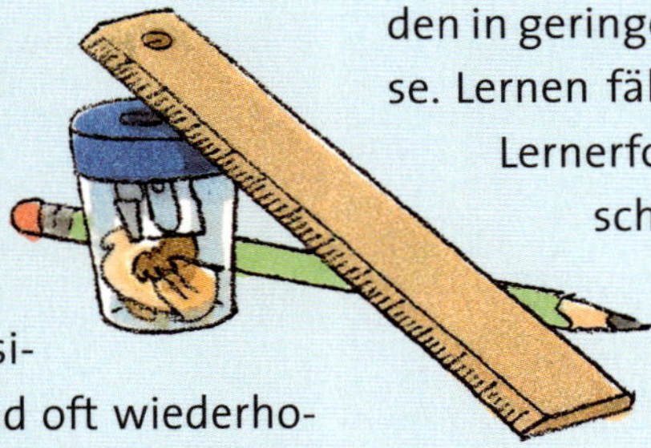

Im günstigsten Fall kann ein Erfolg folgenden positiven Kreislauf bewirken: Der Lernerfolg stärkt Selbstbewusstsein und Selbstwertgefühl des Kindes und damit seine Identifikation mit dem Sachgebiet und seine Wissbegierde. Das Interesse fördert die Bereitschaft, sich weiter mit dem Sachgebiet zu beschäftigen, Lernen wird lustvoller empfunden. Je intensiver die Beschäftigung mit der Sache ist, umso größer die Wahrscheinlichkeit eines erneuten Erfolges.

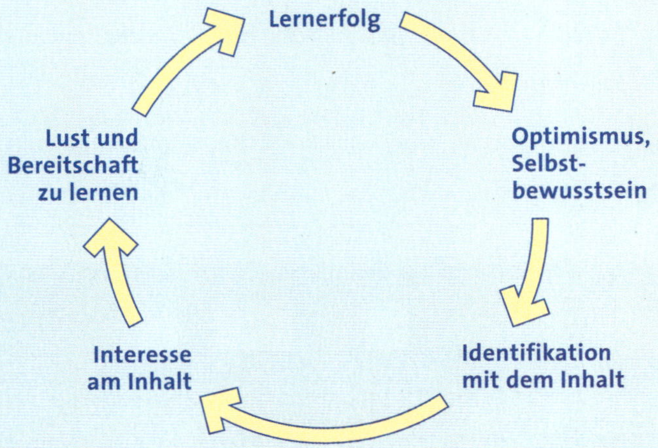

Bleibt trotz intensiver Arbeit der Erfolg aus, kann sich dieser positive Kreislauf umkehren: Der eigene Misserfolg wird mit dem Fach assoziiert, Frustration, Entmutigung, geringes Selbstwertgefühl münden in geringe Lernmotivation und geringes Interesse. Lernen fällt deutlich schwerer und der nächste Lernerfolg ist schwieriger zu erreichen. Im schlimmsten Fall mündet das in Resignation: Die Schule ist schlecht, ich bin schlecht.

Eltern und Schule spielen bei der Entwicklung von Lernmotivation eine wichtige Rolle. Sie können Kinder z. B. durch Fragen anregen, sie zu Entdeckungen ermutigen, ihre Aufmerksamkeit lenken und Erfahrungen strukturieren. Sie haben eine wichtige Funktion auch darin, Lernaufgaben so einzugrenzen und auszuwählen, dass die Kinder bei ihrer Bearbeitung Aussicht auf Erfolg haben bzw. die Aufgaben selbstständig weiter eingrenzen können.

Eine Übungsform, die Kindern den Erwerb von neuem Wissen deutlich macht, ist die Lernkartei (S. 50 ff.): Jede Karte, die bei der Lernkartei ins nächste

Fach kommt, ist eine „Erfolgskarte", die Ihrem Kind zu verstehen gibt: Toll, das kannst du schon! Enttäuschend ist natürlich, wenn eine Karte aus dem ersten Fach nicht weiter gelegt werden kann oder gar vom dritten wieder ins erste Fach zurückgelegt werden muss. Auch solche Rückschläge sollten nicht dazu führen, dass Lernen mit Verkrampfung und Ärger erfolgt. Daher sollten die Lerneinheiten nach der Konzentrationsfähigkeit Ihres Kindes bemessen sein, damit Spaß und Freude erhalten bleiben.

Eltern können ihren Kindern jedoch nicht die Anstrengung abnehmen, die vor dem Erfolg steht. „Wer ins Schlaraffenland möchte, der muss sich durch einen Zuckerberg fressen!" Die Mühen, das Ringen um rechtes Verstehen, die Enttäuschung über Fehler gehören zum Lernen dazu. Viele Eltern zeigen ihre Freude über einen guten Lernerfolg durch besondere materielle Anerkennung. Dies hat oft gegenteilige Effekte, denn das Kind lernt fortan nicht mehr aus Interesse und der Faszination am Inhalt, sondern um Geld für gute Noten zu erhalten. Positiv wirkt angemessenes Lob, gerechter Tadel und motivierende Kritik, negativ dagegen verletzender Tadel, bei dem das Kind das Gefühl hat, das Vertrauen wird ihm grundsätzlich entzogen („Du kannst ja überhaupt nichts!"), aber auch übertriebenes Lob, das wie Ironie wirkt.

- Wie oft und zu welchen Anlässen loben Sie Ihr Kind? Wie oft und zu welchen Anlässen tadeln Sie es?

Lernerfolge auf eigene Fähigkeiten zurückführen

Johanna schreibt ihre Erfolge immer ihren eigenen Fähigkeiten und Anstrengungen zu, ihre Misserfolge führt sie auf Pech und unfaire Prüfungen zurück. Benedikt hingegen macht es genau umgekehrt: Seine Erfolge, glaubt er, sind Ergebnis von glücklichen Umständen oder zu leichten Aufgaben, die Misserfolge leitet er von seinen eigenen mangelnden Fähigkeiten ab. Wie unterscheiden sich Johanna und Benedikt bei Klassenarbeiten? Johanna bearbeitet selbstbewusst die Aufgaben, denn sie weiß, dass sie mit ihren Fähigkeiten ein gutes Ergebnis erzielen kann. Benedikt hingegen ist unsicher: Sein Erfolg ist abhängig von seinem Glück und den leichten Aufgaben, also nur „zufällig"; seinen Fähigkeiten zufolge müsste er nur schlechte Ergebnisse erzielen.

[info]

Wie wir Ereignisse erklären

Menschen interpretieren den Erfolg oder Misserfolg ihrer Handlungen als Ergebnis vorangegangener Vorgänge, die sie entweder selbst verursacht haben oder die von außen ausgelöst sind. Eine andere grundlegende Deutung betrifft die angenommene Stabilität dieser Faktoren: Sind sie über längere Zeit stabil oder variabel? Aus diesen verschiedenen Interpretationsmöglichkeiten kann die Note für eine Klassenarbeit so erklärt werden: Der Schüler glaubt, die Note sei Ergebnis seiner stets guten Leistungsfähigkeit, oder er schreibt sie seiner vorübergehenden Anstrengung und seinem Fleiß zu. Oder er erklärt die Note dadurch, dass die Arbeit sehr leicht gewesen sei, vielleicht auch, dass er einfach Glück gehabt habe.
Wie jemand seinen Erfolg oder Misserfolg erklärt, bestimmt auch, wie er sich dabei fühlt. Und damit auch, wie viel Anstrengung er beim nächsten Mal investiert.

Die Überzeugungen, warum wir erfolgreich sind oder waren, sind wichtig. Sie führen

- zu unterschiedlicher Interpretation vergangener Leistungen und damit unseres Selbstwertgefühls;
- zu unterschiedlichen Emotionen und Anstrengungen in der gegenwärtigen Situation;
- zu unterschiedlicher Lernmotivation in der Zukunft, denn die Beeinflussbarkeit des Ergebnisses erscheint unterschiedlich hoch.

Die Deutung unserer Erfahrung hat auf unsere Wahrnehmung, unser Selbstbild und unsere Einstellung gegenüber dem Lernen großen Einfluss. Allein durch Veränderung der Erklärung für vergangene Misserfolge können Kinder zu höherer Leistung motiviert werden: Wenn sie ihre Misserfolge nicht auf mangelnde Fähigkeiten, sondern auf mangelnde Anstrengung zurückführen, erhöhen sie bei den folgenden Aufgaben ihren Arbeitsaufwand und haben größeren Erfolg. Die Art und Weise, wie wir Ereignisse in unserem Leben erklären, kann ein Leben lang beibehalten werden und sich auf das Selbstbild auswirken: Pessimisten führen ihre Schwierigkeiten eher auf ihre persönlichen Eigenschaften zurück, Optimisten eher auf zufällige, ungünstige, von ihrer Person unabhängige Faktoren.

- Wie können Sie Ihrem Kind den Zusammenhang zwischen seinem Handeln und dem Resultat verdeutlichen? Bezogen auf schulisches Lernen: Wie können Sie Ihrem Kind den Zusammenhang zwischen seiner Vorbereitung und seinem Erfolg bei Klassenarbeiten veranschaulichen?
- Häufig benutzen Eltern oberflächlich freundliche Sätze, die jedoch ganz anders ankommen können, wie z. B.: „Auch ein blindes Huhn findet einmal ein Korn.“ Sagen Sie stattdessen: „Mit deinen fleißigen Vorbereitungen hast du dir den Erfolg verdient!“

[info]

„Im Lob ist mehr Zudringlichkeit als im Tadel!“
(Friedrich Nietzsche)

Auch Eltern und Lehrer beeinflussen die positive oder negative Wahrnehmung von Lernerfolgen. Bewerten Sie daher die Leistungen Ihres Kindes immer zuerst positiv – zum Beispiel so: Nehmen Sie eine Übungsarbeit Ihres Kindes und streichen Sie nicht die Fehler, sondern alle richtig geschriebenen Diktatwörter oder Rechenaufgaben an! Eine solche Übung macht den Erfolg Ihres Kindes sofort sichtbar, sie ermutigt Ihr Kind und gibt ihm Spaß am Lernen, statt es zu demotivieren.

Die Lernorganisation unterstützen

Die äußeren Bedingungen, unter denen Arbeit stattfindet, haben großen Einfluss auf das Gelingen. Manchmal reichen schon kleine Änderungen an Ort, Platz, Zeit und Material, um Lernen wirksamer und effektiver zu gestalten. Oft ist es hilfreich, wenn Eltern dabei ihre Kinder unterstützen:

- Sie können mit Ihrem Kind Zeiten vereinbaren, an denen die Hausaufgaben regelmäßig erledigt werden. Verabredungen mit Freunden, Sportveranstaltungen am Nachmittag, Musikunterricht müssen damit abgestimmt werden.
- Ihr Kind soll sich an seinem Arbeitsplatz wohl fühlen. Dazu trägt eine überschaubare Ordnung auf dem Schreibtisch, im Bücherregal, im Ranzen

und im Mäppchen ebenso bei wie eine anständige Belüftung, eine gute Beleuchtung und eine angenehme Temperatur. Denken Sie z. B. daran, welch wunderbare Atmosphäre eine schöne Bibliothek in einem alten englischen Schloss vermittelt.

- Kinder wollen oft alles auf einmal erledigen. Ein Konzentrationsmarathon ist jedoch wenig sinnvoll, denn spätestens nach einer halben Stunde brauchen Körper und Geist eine erholsame Pause. Sie können Ihr Kind z. B. mithilfe eines Arbeitsplans unterstützen, sich die Arbeit einzuteilen und den Lernstoff in Etappen einzuprägen.
- Wenn der erhoffte Lernerfolg trotz ausreichender Arbeitszeit ausbleibt, sollte Ihr Kind nicht die Zeit beliebig ausdehnen, sondern seine Lernarbeit kontrollieren. Arbeitet Ihr Kind wirklich effektiv und konzentriert an den Aufgaben oder spielt es am Schreibtisch mit seinen Stiften? Vielleicht sollten Sie dann seine Konzentration eher durch eine Übung fördern. Wenn Sie den Eindruck haben, dass die Hausaufgaben in angemessener Zeit nicht zu erledigen sind, dann scheuen Sie sich nicht, Ihr Kind nötigenfalls gegen den Lehrer zu stützen. Auch ein Lehrer kann sich beim Umfang der Hausaufgaben schließlich verschätzen.
- Für den Lernerfolg spielen die Emotionen und Stimmungen Ihres Kindes eine große Rolle. Der Streit mit der Freundin oder die besondere Vorfreude auf den Kindergeburtstag können es bei der Konzentration stark behindern. Das betont nochmals die Wichtigkeit einer guten, angenehmen Atmosphäre, bedeutet aber nicht, dass alles Spaß machen muss, was man tut.

Hilfe zur Selbsthilfe anbieten

„Mama, wie schreibt man ‚rennen'?" Benedikt sitzt vor seinen Hausaufgaben. „Mit zwei n, mein Junge!" Doch halt: Nicht vorsagen! Das kann Benedikt auch allein herausfinden. „Das steht sicher in deinem Wörterbuch!"
Es fällt ziemlich schwer, eine solche Frage nicht direkt zu beantworten, Benedikt nicht zu sagen, „wie es richtig ist". Aber es nützt ihm langfristig mehr, wenn ihn seine Mutter eher indirekt unterstützt. Schließlich soll er langfristig lernen, selbstständig zu arbeiten, und der Umgang mit dem Lexikon gehört dazu. Natürlich dauert das am Anfang

ein bisschen länger und ist anstrengender als Mama zu fragen. Vielleicht braucht er auch Hilfe: Wie finde ich ein Wort? Was bedeuten die Abkürzungen? Die meisten Kinder haben den Umgang mit Wörterbüchern und Lexika in der Grundschule gelernt. Leider haben sie wenig Routine im Umgang damit, weil sie sie selten benutzen, und deshalb dauert es lange, bis sie die gewünschten Informationen finden. Also haben sie auch wenig Lust, diese Hilfsmittel zu benutzen und umgehen es, wenn immer möglich – ein schlechter Kreislauf. Dabei ist die sichere und souveräne Nutzung von Lexika und Wörterbüchern ein wichtiger Schritt auf dem Weg zu mehr Selbstständigkeit und Autonomie beim Lernen. Benedikt könnte Antworten auf viele seiner Fragen finden, ohne die Hilfe von anderen in Anspruch zu nehmen, und das stärkt langfristig sein Selbstbewusstsein.

Kinder, die wissen, wie sie gut lernen können, lernen in der Regel auch lieber und mit weniger Angst. Es entlastet sie ungemein, wenn sie über geeignete Lernmethoden verfügen, mit deren Hilfe sie den Lernstoff selbstständig erarbeiten und sich dauerhaft einprägen können. Das kann heißen: Sie lernen, wie sie allein für eine Mathematikarbeit üben können, wie man zu einer speziellen Frage im Internet oder in der Bücherei recherchiert, wie man ein Gedicht auswendig vorträgt, einen Brief verfasst oder eine Geschichte schreibt.

- Hat Ihr Kind an seinem Arbeitsplatz ein Rechtschreibwörterbuch? Steht in Ihrem Bücherregal ein Lexikon? Schlägt Ihr Kind darin ab und zu nach?
- Schlagen Sie selbst manchmal in Lexika nach, wenn Sie etwas nicht wissen?

[info]

Nachschlagewerke

Nachschlagewerke, wie Grundschulwörterbuch, ein Kinderduden, der Kinder Brockhaus und ein Atlas gehören zur Grundausstattung jedes Arbeitsplatzes. In jeder Buchhandlung finden Sie zahlreiche Angebote, die sich in Aufmachung und Inhalt erheblich unterscheiden. Für Kinder empfehlen sich Kinder- oder Schülerausgaben, die altersgerecht, weniger umfangreich und damit besser zu benutzen sind. Darüber hinaus sind sie dünner und passen bei Bedarf auch in die Schultasche.

4 Lernprobleme – was tun?

Mareike hat Schwierigkeiten mit der Rechtschreibung. Alle Diktate, Hausaufgaben, selbst die Sachaufgaben in Mathematik sind voller Fehler. Mareike ist ganz verzweifelt: „Ich kann nicht einmal die einfachsten Wörter richtig schreiben. Ich kann überhaupt nicht schreiben! Ich bin einfach blöd!"
Auf Anraten der Lehrerin haben Mareikes Eltern ihr Kind vom Schulpsychologen testen lassen. Die Diagnose erschreckt Mareike: Sie hat LRS. „Bin ich krank? Gibt es dagegen Medizin? Wann und wie werde ich gesund? Warum bin ich nicht so wie die anderen Kinder?" Natürlich kann Mareike auch sehr viel: Sie kann sehr fantasiereiche Geschichten erzählen, auch das Rechnen klappt prima und über Dinosaurier weiß sie so viel wie kein anderes Kind in ihrer Klasse. Aber davon will Mareike nichts wissen. Sie möchte nur keine Rechtschreibfehler mehr machen – auf jeden Fall nicht mehr als die anderen Kinder auch.

[info]

Legasthenie, LRS

Während unter Legasthenie eine ausgeprägte Lernstörung im Bereich des Lesens und Rechtschreibens verstanden wird, die weder auf niedrige Intelligenz noch fehlende Lernbereitschaft zurückzuführen ist, bezeichnet LRS (Lese- und Rechtschreibschwäche) eine mehr oder minder ausgeprägte Verzögerung im individuellen Lese- und Schreiblernprozess. Typische Symptome sind

- beim Lesen: Das Kind liest langsam, stockend, verliert oft die Zeile im Text, lässt Wörter, Silben oder Buchstaben aus. Oft kann es den Textinhalt nicht selbstständig wiedergeben;
- beim Rechtschreiben: viele Fehler, sowohl in Diktaten als auch in abgeschriebenen Texten. Wörter sind innerhalb desselben Textes unterschiedlich falsch geschrieben, die Handschrift ist oft unordentlich.

Fördern und Fordern

So wie Mareike geht es leider vielen Kindern mit Teilleistungsstörungen. Sie konzentrieren sich so sehr auf ihre Schwächen, dass sie Teil ihrer Persönlichkeit werden („Ich heiße Mareike und habe LRS."). Gefördert wird dieses Selbstbild durch die zahlreichen gut gemeinten Hilfestellungen ihrer Umwelt, die Mareike möglichst umfassend unterstützen will. Die Aufmerksamkeit ist so sehr auf die Bewältigung der Defizite gerichtet, dass die Stärken leider viel zu oft in den Hintergrund geraten.
Quälendes Üben, Leistungsdruck, Frustration und ein schlechtes Gewissen können Kinder jedoch sehr belasten. Kurzfristige Erfolge sind nicht zu erwarten, auch nicht bei großem Fleiß und Engagement. Daher sollen Kinder mit besonderen Schwierigkeiten beim Erlernen des Lesens und Rechtschreibens auch vom Druck in der Schule entlastet werden. Natürlich gelten für Schülerinnen und Schüler mit besonderen Schwierigkeiten beim Erlernen des Lesens und Rechtschreibens in allen Fächern grundsätzlich dieselben Leistungsmaßstäbe wie für alle anderen Schülerinnen und Schüler auch. Einschränkungen und Erleichterungen beziehen sich jedoch auf alle

Arten der Feststellung der Rechtschreibleistung (z. B. kann der Umfang der Tests vermindert oder die Arbeitszeit verlängert werden) und sind von Bundesland zu Bundesland verschieden. Ansprechpartner sind zunächst die Lehrkräfte des Kindes, dann der schulpsychologische Dienst der Schule, die das Kind besucht. Elternverbände beraten und vermitteln evtl. Kontakte zu Betroffenen, zahlreiche andere Hinweise und Hintergrundinformationen finden Sie im Internet (u. a. Bundesverband Legasthenie e.V., www.legasthenie.net; Paetec Institut für Lerntherapie, www.paetec.de).

Bei solchen und ähnlichen diagnostizierten Lernstörungen, z. B. auch Dyskalkulie und ADS, ist der Rückhalt in der Familie sehr wichtig. Kindern hilft es, wenn ihr Fleiß und ihre Mühe anerkannt werden. Spiele, die ihnen Erfolgserlebnisse ermöglichen, oder Kontakte zu anderen Kindern, die eventuell ähnliche Probleme haben, können sie stärken. Ihr Kind braucht Selbstvertrauen, um mit seinem Anderssein umgehen zu lernen. Fördern Sie daher vor allem die Stärken Ihres Kindes und geben Sie ihm Hilfestellung, mit seinen Lernschwierigkeiten zurecht zu kommen.

[info]

Dyskalkulie

Eine auffällige Rechenschwäche, die weder auf niedrige Intelligenz noch fehlende Lernbereitschaft zurückzuführen ist. Schwierigkeiten haben die Kinder häufig mit Zahlvorstellungen bei Sachaufgaben, der Beherrschung grundlegender Rechenfertigkeiten wie Addition, Subtraktion, Multiplikation und Division.

[info]

ADS – Aufmerksamkeitsdefizitsyndrom

Eine oft schon in der frühen Kindheit bestehende erhebliche Störung der Konzentration und Daueraufmerksamkeit, der Selbststeuerungsfunktion, Planungs- und Handlungskontrolle, sowie der Impulskontrolle. Häufig tritt es in Verbindung mit Hyperaktivität auf, daher wird auch die Abkürzung **ADHS** verwendet. Typische Symptome sind: Das Kind kann sich nur schwer auf eine Sache konzentrieren, hört oft nicht zu und übersieht Einzelheiten. Es kann kaum ruhig sitzen und steht deshalb oft unvermutet auf und lässt sich leicht von anderen ablenken.

Mit der Schule zusammenarbeiten

Regelmäßiger, lockerer Kontakt zur Schule ist immer hilfreich. So erfahren Sie auch von eventuellen Lernschwierigkeiten Ihres Kindes frühzeitig. Je früher Sie wissen, was mit ihm los ist, desto eher können Sie eingreifen. Das heißt nicht, dass Sie täglich oder wöchentlich in der Schule vorsprechen, sondern sich von Zeit zu Zeit informell mit dem Lehrer über das Verhalten Ihres Kindes austauschen, eventuelle Missverständnisse ausräumen und ein wechselseitiges Verstehen für die besondere Situation in der Familie und der Schule schaffen. Das signalisiert Ihrem Kind: Die Schule und wir kümmern uns gemeinsam darum, dass du in der Schule gut klar kommst, wir arbeiten miteinander, nicht gegeneinander. In vielen Fällen fördert dies von ganz allein die Lernmotivation Ihres Kindes.

5 Welche weiterführende Schule passt zu meinem Kind?

„… laden wir Sie zu einem Informationsabend ein, an dem wir Ihnen mögliche weitere Bildungswege nach der Grundschule vorstellen wollen …“

Nun haben Sie es schwarz auf weiß: Das Ende der Grundschulzeit steht vor der Tür, nach den Sommerferien wird Ihr Kind eine andere Schule besuchen. Dieser Schritt ist für die Zukunft Ihres Kindes wesentlich, er prägt die Erfahrungen der nächsten Jahre und sein späteres Berufsleben. Eine bedeutsame Entscheidung steht bevor. Welche Schule kommt in Frage? Das renommierte humanistische Gymnasium, das seit Jahrzehnten den besten Ruf hat und für seine hohen Leistungsansprüche bekannt ist? Die Gesamtschule, auf der man verschiedene Schulabschlüsse erreichen kann und die für ihre engagierte Zusammenarbeit mit außerschulischen Einrichtungen bekannt ist? Oder vielleicht die nah gelegene Nachbarschule, die viele Schulfreunde Ihres Kindes besuchen werden?

Wo liegen wirklich die Unterschiede zwischen den Schulen, außer in ihrem Ruf und Image? Folgende Gesichtspunkte können Ihnen helfen:

- der Umfang und die Qualität des Unterrichtsangebots (gibt es Fachräume, herrscht methodische Vielfalt, gibt es musische, naturwissenschaftliche oder fremdsprachliche Schwerpunkte?);
- die Abschlüsse, die an einer Schule erreicht werden können;
- die Angebote über den regulären Fachunterricht hinaus (Arbeitsgemeinschaften, Praktika, Nachmittagsbetreuung …);
- die Zusammenarbeit mit außerschulischen Institutionen (Museen, Firmen, Vereine, Musikschulen …);
- das „Schulklima“, das das Zusammenwirken von Schülern, Eltern und Lehrern prägt;
- die Größe der Schule, die Anzahl der Schüler und Lehrer (eine eher familiäre Atmosphäre oder ein großes Lehrangebot?);
- die materielle Ausstattung des Schulgebäudes, der Klassen- und Fachräume sowie des Schulhofs.

[info]

Qualitätskriterien

In der öffentlichen Diskussion über die Qualität von Schule wird häufig der Ausfall von Unterrichtsstunden angeführt. Natürlich wäre es gut, wenn die in den Stundentafeln vorgesehenen Stunden wirklich immer stattfänden. Völlig vermeiden lässt sich Unterrichtsausfall jedoch leider nicht.

Aber: Viel wichtiger ist die Qualität des stattfindenden Unterrichts. Leider haben internationale Vergleichsstudien immer wieder belegt, dass deutsche Schüler im stattfindenden Unterricht nicht in ausreichendem Maße lernen, sich Wissen selbstständig anzueignen, es zu vertiefen und anzuwenden. Einige Schulen haben daraus die Konsequenz gezogen, die Schülerinnen und Schüler gezielt durch Trainingstage und Projekte zum „Lernen lernen“ an eigenverantwortliches Arbeiten heranzuführen und dies gezielt für methodisch abwechslungsreiches Arbeiten im Fachunterricht zu nutzen.

Beachten Sie: Die Qualität der Schule ist nur eine Seite, die Sie bei Ihrer Entscheidung berücksichtigen sollten. Eine objektiv „beste“ Schule werden Sie kaum finden, denn jede Schule hat ihre Stärken und Schwächen. Aber Sie suchen auch nicht die beste aller Schulen, sondern die beste Schule für Ihr Kind. Ausgangspunkt sind die besonderen Stärken, Interessen und Bedürfnisse Ihres Kindes. Erst im zweiten Schritt sollten Sie fragen, welche Schulart und Schulform geeignet ist und sich erst dann nach einer konkreten Schule umsehen.

Tipps für den Schulwechsel

Am Ende der Grundschulzeit erhalten Sie von den Lehrkräften der Grundschule eine Empfehlung über die Schulart, die für Ihr Kind geeignet ist. In vielen Bundesländern ist diese Schulartempfehlung nicht verpflichtend, sodass Ihnen als Eltern ein Recht zur Mitsprache zukommt. Die folgenden Fragen können Ihnen helfen, sich der besonderen Bedürfnisse und Fähigkeiten Ihres Kindes bewusst zu werden und daraufhin sicherer aus dem Angebot der Schulen diejenige herauszufinden, die zu Ihrem Kind am besten passt. Bedenken Sie bei Ihrer Entscheidung bitte auch, dass eine falsche Schulwahl nicht nur für Ihr Kind schlimme Auswirkungen hat, sondern die ganze Familie jahrelang in Krisen stürzen kann. Vielleicht fallen Ihnen aufgrund der besonderen Eigenschaften Ihres Kindes weitere Fragen ein.

CHECKLISTE

■ Wie kam mein Kind mit den Anforderungen der Grundschule zurecht?

- [ ] Hat mein Kind die Grundschuljahre ohne große Schwierigkeiten gemeistert?
- [ ] Waren seine Schulleistungen während der Grundschulzeit stabil?
- [ ] Kann mein Kind höhere Anforderungen verkraften?
- [ ] Ist mein Kind neugierig auf neue Lerninhalte?

■ Wie lernt und arbeitet mein Kind?

- [ ] Geht mein Kind gerne zur Schule, lernt es bereitwillig und selbstständig?
- [ ] Ist mein Kind immer über die Inhalte seiner Hausaufgaben informiert?
- [ ] Erledigt mein Kind seine Hausaufgaben selbstständig, sorgfältig und in angemessener Zeit?
- [ ] Bereitet sich mein Kind weitgehend eigenverantwortlich auf Klassenarbeiten vor?
- [ ] Beschäftigt sich mein Kind über längere Zeit und gerne mit Tätigkeiten wie Basteln, Malen, Musizieren, Lesen oder Schreiben?
- [ ] Kann mein Kind längere Zeit mit anderen Kindern spielen, ist es in Gruppen integriert und gestaltet es Freizeit mit?

■ Gibt es Besonderheiten beim Lernen meines Kindes?

- [ ] Hat mein Kind besondere Fähigkeiten und Begabungen (z. B. musikalisch, sprachlich, mathematisch, künstlerisch, sportlich)?
- [ ] Braucht es besondere Förderung (LRS, Sprach- oder Sehschwierigkeiten, Rechenschwäche)?

- Soll mein Kind sich auch nachmittags in der Schule aufhalten können (zu Arbeitsgemeinschaften, Hausaufgabenbetreuung, Förderkursen ...)?
- Hat mein Kind genügend Selbstvertrauen, um auch in einem rauen Schulklima zu bestehen?

Fragen an die weiterführende Schule

Am „Tag der offenen Tür“ oder bei anderen Informationsveranstaltungen werden Ihnen die Schulen sehr viele Informationen geben, vielleicht aber nicht die, die Sie besonders interessieren. Folgende Hinweise und Anregungen können Ihnen den Blick für die Stärken und Schwächen einer Schule schärfen. Fragen Sie also nach, an einer „guten“ Schule wird man Ihnen gerne Auskünfte geben. Vielleicht fallen Ihnen noch weitere Punkte ein, auf die Sie achten sollten?

CHECKLISTE

Wie beurteilen Sie das Unterrichtsangebot?

- Hat die Schule einen besonderen fachlichen Schwerpunkt (naturwissenschaftlich, musisch, sprachlich ...)?
- Gibt es in diesem Bereich zusätzliche Angebote?
- Gibt es Nachmittagsangebote in Form von Arbeitsgemeinschaften (Chor, Orchester, Zeichnen, Computer, Literaturkreis ...)?
- Arbeitet die Schule mit außerschulischen Institutionen regelmäßig und eng zusammen (Museen, Bibliotheken, Sportvereine, Suchtberatungsstellen, Firmen, Hochschulen ...)?
- Gibt es nachmittags ein Betreuungsangebot? (In welcher Form?)
- Wenn mein Kind den angestrebten Abschluss nicht erreicht, kann es an dieser Schule einen anderen Abschluss erwerben?

Wie unterstützt die Schule Ihr Kind beim Lernen?

- Gibt es Absprachen und Kontakte mit den abgebenden Grundschulen?
- Wird an die Unterrichtsformen und -methoden (Wochenplan, Projektunterricht) der Grundschule angeknüpft?
- Wird die Einführungsphase an der neuen Schule so gestaltet, dass den Kindern der Übergang erleichtert wird?
- Wird eigenverantwortliches Arbeiten und Lernen systematisch und gezielt gefördert (z. B. durch Methodentraining oder Methodentage)?
- Werden Selbstständigkeit fördernde Unterrichtsmethoden praktiziert (Projektarbeit, Stationenlernen, offener Unterricht ...)?
- Gibt es Differenzierungsangebote für besonders begabte und leistungsstarke Kinder?
- Bekommen Schüler mit vorübergehenden Schwierigkeiten Förderangebote?

Was erfahren Sie über das Klima in den Klassen?

- Wie viele verschiedene Lehrer unterrichten gewöhnlich in einer Klasse?
- Wie hoch ist der Anteil des Unterrichts beim Klassenlehrer?

- Gibt es eine regelmäßige Klassenlehrerstunde, in der über aktuelle Anliegen gesprochen werden kann?
- Gefallen Ihnen die Klassenräume? (Ist es sauber? Wie stehen die Tische? Gibt es Arbeitsmaterialien? Was hängt an den Wänden?)
- Unternehmen die Klassen gemeinsame Aktivitäten außerhalb des Unterrichts (Klassenfahrten, Klassenfeste ...)?
- Gibt es für die Lehrer institutionalisierte zeitliche Räume für Absprachen (z. B. Koordinationsstunden)?

Welchen Eindruck haben Sie vom Schulklima?

- Haben Sie den Eindruck, dass Eltern und Lehrkräfte im Interesse der Erziehung der Kinder gut zusammenarbeiten? (Gibt es feste Elternsprechtage? Wie können individuelle Termine mit Lehrern vereinbart werden? Wie sind die Öffnungszeiten des Sekretariats?)
- Gehen die Schülerinnen und Schüler auf dem Pausenhof fair miteinander um? (Übernehmen ältere Schülerinnen und Schüler Verantwortung für jüngere, z. B. als Streitschlichter oder Klassenpaten?)
- Herrscht eine kollegiale Atmosphäre zwischen den einzelnen Lehrern?
- Arbeiten die Menschen in der Schulverwaltung gut zusammen?
- Sehen Sie Handlungsräume, sich als Eltern in die Schule einzubringen?
- Können Sie mit einem Mitglied des Elternbeirats sprechen?
- Sind Schulgebäude und Schulhof in einem ordentlichen Zustand? (Wie sehen Wände, Böden, Fenster und Türen aus?)
- Würden Sie die Schülertoiletten besuchen?

Können Sie sich mit den Leitbildern der Schule identifizieren?

- Können und wollen Sie die Erwartungen erfüllen, die die Schule an Kinder und Eltern heranträgt?
- Was ist den Lehrerinnen und Lehrern an der Schule besonders wichtig? Sind Sie gleicher Meinung?
- Können Sie sich vorstellen, dass sich Ihr Kind in dieser Schule die nächsten Jahre wohl fühlen könnte?

Eine gute Schule hilft Ihrem Kind, seine eigenen Fähigkeiten und Begabungen zu entfalten und unterstützt es, selbstständig Methoden zum lebenslangen Lernen zu erwerben.
Sie lehrt Ihr Kind, Lernen zu lernen.

Die etwas andere Lernreihe

Was ist zu tun, wenn Schüler mit dem Lernen Schwierigkeiten haben? Wenn Hausaufgaben und Klassenarbeiten ein Schrecken sind? Oder wenn die Freude am selbstständigen Arbeiten gefördert werden soll? „Lernen lernen“ von Duden gibt Schülerinnen und Schülern die richtige Anleitung und Eltern die Sicherheit, ihre Kinder gezielt zu unterstützen.

Je Band:
Kartoniert. 96 Seiten.

- **Konzentration**
  Training von Gedächtnis, Wahrnehmung und logischem Denken
  4. – 6. Klasse ISBN 3-411-71241-4
- **Lerntipps**
  Hilfen zur selbstständigen Verbesserung der Lern- und Arbeitstechniken
  5. – 7. Klasse ISBN 3-411-71251-1
- **Hausaufgaben und Klassenarbeiten**
  Ein Wegweiser zur erfolgreichen Bewältigung
  5. – 7. Klasse ISBN 3-411-71271-6
- **Referate, Vorträge, Facharbeiten**
  Von der cleveren Vorbereitung zur wirkungsvollen Präsentation
  9. – 13. Klasse ISBN 3-411-71821-8
- **Schultipps für Eltern**
  Unterstützen Sie den Lernerfolg Ihres Kindes
  Für Eltern von Schulkindern in der 4. – 10. Klasse ISBN 3-411-71811-0